神秘西夏的瑰宝遗珍

西夏博物馆

本册编著　刘思文

主编　李炳武

丝路物语书系

西安出版社

图书在版编目（CIP）数据

神秘西夏的瑰宝遗珍——西夏博物馆 / 李炳武主编
. — 西安 ：西安出版社，2019.11（2021.5重印）

IISBN 978-7-5541-4362-9

Ⅰ. ①神… Ⅱ. ①李… Ⅲ. ①博物馆－历史文物－介
绍－中国－西夏 Ⅳ. ①K871.44

中国版本图书馆CIP数据核字(2019)第267877号

丝路物语 书系

神秘西夏的瑰宝遗珍

西夏博物馆

SHENMI XIXIA DE GUIBAO YIZHEN

XIXIA BOWUGUAN

出 版 人：屈炳耀
主　　编：李炳武
本册编著：刘思文
策划编辑：李宗保　张正原
项目统筹：张正原
责任编辑：李　丹
美术编辑：李南江
责任校对：邵鹏飞
责任印制：尹　苗
出版发行：西安出版社
社　　址：西安市曲江新区
　　　　　雁南五路1868号影视演艺大厦11层
电　　话：（029）85253740
邮政编码：710061

印　　刷：永清县晔盛亚胶印有限公司
开　　本：787mm × 1092mm　1/16
印　　张：11
字　　数：115千
版　　次：2019年11月第1版
印　　次：2021年5月第2次印刷
书　　号：ISBN 978-7-5541-4362-9
定　　价：78.00元

编委会

序一

阅读文物 拥抱文明

郑欣淼

文物所折射出的恒久魅力，已为越来越多的人所认识。今天呈现在读者面前的这部“丝路物语”书系，就是这一魅力的具体体现。

“让收藏在博物馆里的文物、陈列在广阔大地上的遗产、书写在古籍里的文字都活起来。”（习近平语）党的十八大以来，习近平总书记担负着实现中华民族伟大复兴的历史重任，饱含着对传统文化的深厚感情，让文物活起来始终为其所关注、所思考。让文物活起来，就是深入挖掘文物的内涵，充分发挥文物的作用。中国文物是中华民族的文明印记和精神标识，是全体中国人乃至全人类的珍贵财富；它对于激发人民群众对中华优秀传统文化的了解、认同和热爱，坚定文化自信，汇聚发展力量等作用是不言而喻的。

近年来，一些优秀的文物类书籍、综艺节目、纪录片、文化创意产品等不断涌现，文化遗产元素成为国家外交的桥梁，文物逐渐成为“网红”并受到越来越多年轻人的青睐，这些都充分彰显着“让文物活起来”已逐渐从理念转化为行动，那些在历史长河中积淀下来的文物珍存正在不断走近百姓、融入时代、面向世界。

说到文物，不能不把眼光聚焦于丝绸之路。人类社会交往的渴望推动了世界文明间的相互交融和渗透，中华文明与亚、欧、非三大洲的古代文明很早就发生接触，相互影响，相互交流。直到 1877 年，德国地理学家李希霍芬在他的著作《中国——我的旅行成果》里首次提出了“丝绸之路”的概念。近半个世纪以来，随着丝绸之路考古发现和学术研究的不断深入，极大地开阔了人们的视野。特别是“一带一路”倡议的全面推进，丝绸之路研究更成为国际显学。在古代文明交流史上，丝绸之路无疑是极其璀璨的一笔。它承载着千年古史，编织着四方文明。也正因为丝绸之路无与伦比的历史积淀，形成了独特的历史文化遗产，其数量之大、等级之高、类型之丰富、序列之完整、影响之深远，都是世所公认的。神秘悠远的古代城址、波澜壮阔的长城关隘烽燧遗址、精美绝伦的艺术品、气势磅礴的帝王陵墓、灿若星辰的宫观寺庙、瑰丽壮美的石窟寺……数不清道不尽的文物珍宝，足以使任何参观者流连忘返，叹为观止。2014 年，“丝绸之路：长安—天山廊道的路网”成功跻身《世界文化遗产名录》，使丝绸之路迎来了新的历史机遇，也对广大文化文物工作者提出了新的要求。

“让文物说话，把历史智慧告诉人们。”这是习近平总书记的谆谆嘱托。中华文化优雅如斯，如何让文物说话，飞入寻常百姓家，是当下无数文化界人士亟待攻坚的课题，亦是他们光荣的使命。客观来讲，丝绸之路方面的论著硕果累累，但从一般读者角度，特别是从当下文化与旅游结合角度着眼的作品不多，十分需要一套全面系统地介绍丝绸之路文物故事的读物。令人欣喜的是，西安出版社组织策划了这套颇具规模的“丝路物语”书系，并由李炳武先生担任主编，弥补了这一缺憾。李炳武先生曾经长期在文物文化领域工作，也主持过“中华国宝·陕西珍贵文物集成”“长安学丛书”和《陕西文物旅游博览》等大型文物类图书的编纂工作，得到了业界的充分肯定；加之丛书的作者都是有专业素养的学者，从而保证了书稿的质量。

如何驾驭丝绸之路这样一个纵贯远古到当今、横贯地中海到华夏大地的话题，对于所有编写者来说，都是具有挑战性的。这套书的优点或者说特点，可以概括为以下几个方面：

这套书最大的一个优点，就是大而全。从宏观的视野，用简明的线条，对陆上丝绸之路的博物馆、大遗址进行了全景式梳理，精心遴选主要文物，这些国宝的历史、艺术和科学价值在字里行间一一呈现。

丝绸之路文化遗产类型丰富，作者在文中并没有局限于文物本身的解读，还根据文物的特点做了大量的知识拓展，包括服饰的流变，宗教的传播，马匹的驯化，葡萄等水果的东传，纸张的发明和不断改进，医学的发展，乐器、绘画、雕刻、建筑、织物、陶瓷等视觉艺术的交互影响，等等。其中既有交往的结果，也有战争的推动。总体而言，这些内容是讲述丝绸之路时所不可或缺的内容，使读者透过文物认识了丝绸之路丰富的文化内涵。

值得称道的是，这套书采取探索与普及相结合的方式，图文并茂，力求避免学究气的艰涩笔调，加入故事性、趣味性，使文字更具可读性，达到雅俗共赏的目的。通过图书这一载体，能够使读者静静地品味和欣赏这些文物，传达出对历史的沉思和感悟，完善自己对文物、丝绸之路和文化的认知。读过这套书后，相信读者都会开卷有益，收获多多，文物在我们眼中也将会是另一番面貌。

我们有幸正处于坚持以人民为中心的改革发展伟大时代，每一件文物，都维系着民族的精神，让文物活起来，定会深入人心、蔚为大观。此次李炳武先生请我写序，初颇踌躇，披卷读来，犹如一场旅行，神游历史时空之浩渺无垠，遐思华夏文化之博大精深。兼善天下，感物化人历来是每一个中国知识分子的精神所属，若序言能为一部作品锦上添花，得而为普及民众的文物保护意识起到促进作用，何乐而不为？

是为序。

· 郑欣淼 ·

原中国文化部副部长、故宫博物院原院长、中华诗词学会会长、著名历史文化学者。

序二

李炳武

丝路物语话沧桑

2013年9月，中国国家主席习近平访问哈萨克斯坦时，在纳扎尔巴耶夫大学发表演讲，首次提出共同构建“丝绸之路经济带”的宏伟倡议。2014年6月，“丝绸之路：长安—天山廊道的路网”成功跻身《世界文化遗产名录》。

丝绸之路是世界上路线最长、影响最大的文化线路。丝绸之路是指起始于古代中国的政治、经济、文化中心——古都长安（今西安）连接亚洲、非洲和欧洲的古代陆上商业贸易路线。它跨越陇山山脉，穿过河西走廊，通过玉门关和阳关，抵达新疆，沿绿洲和帕米尔高原通过中亚、西亚和北非，最终抵达非洲和欧洲，向南延伸到印度次大陆。这条伟大的道路沟通了中国、印度、希腊三大文明，它是一条东方与西方之间经济、政治、文化进行交流的主要道路，促进了欧亚大陆不同国家、不同文明之间在商贸、宗教、文化以及民族等方面的交流与融合，为人类社会的共同发展和繁荣做出了卓越贡献。

公元前138年，使者张骞受汉武帝派遣从陇西出发，出使月氏。13年中，他的足迹踏遍天山南北和中亚、西亚各地。在随后的2000多年间，无数商贾、旅人沿着张骞的足迹，穿越驼铃叮当的沙漠、炊烟袅袅的草原、飞沙走石的戈壁，来往于各国之间，带来了印度、阿拉伯、波斯和欧洲的玻璃、红酒、马匹，宗教、科技和艺术，带走了中国的丝绸、漆器、瓷器和四大发明，举世闻名的丝绸之路渐渐形成。

用“丝绸之路”来形容古代中国与西方的文明交流，最早出自德国著名地理学家李希霍芬 1877 年所著的《中国——我的旅行成果》一书。由于这个命名贴切写实而又富有诗意，很快得到学术界的认可，并风靡世界。

近年来，丝绸之路迎来了新的历史机遇，沿丝绸之路寻访探秘的人络绎不绝。发展丝路经济，研究丝路文明，观赏丝路文物成了新时代的社会热潮。中央文化产业发展专项资金资助项目“丝路物语”书系便应运而生。在本书和读者见面之际，作为长安学研究者、“丝路物语”书系的主编，就该书的选题范围、研究对象、编写特色及意义赘述于下：

“丝路物语”书系，以“丝绸之路：长安—天山廊道的路网”遗产及相关博物馆为选题范围。该遗产项目的线路跨度近 5000 千米，沿线包括了中心城镇遗迹、商贸城市、聚落遗迹、交通遗迹、宗教遗迹和关联遗迹五类代表性遗迹以及沿途丰富的特色地理环境。共计包括三个国家的 33 处遗产点，其中吉尔吉斯斯坦境内 3 处，哈萨克斯坦境内 8 处，中国境内 22 处。属丝绸之路东段的重要组成部分，在丝绸之路交通与交流体系中具有独特的起始地位和突出的代表性。它形成于公元前 2 世纪，兴盛于公元 6 至 14 世纪，沿用至 16 世纪，连接了东亚和中亚大陆上的中原地区、河西走廊、天山南北与七河地区四个地理区域，分布于今中华人民共和国、哈萨克斯坦共和国和吉尔吉斯斯坦共和国境内。沿线遗迹或壮观巍峨，或鬼斧神工，或华丽精美，见证了欧亚大陆在公元前 2 世纪至公元 16 世纪之间人类文明进步的重要阶段，以及在这段时间内多元文化并存的鲜明特色。

“丝路物语”书系，每册聚焦古丝绸之路上的一座博物馆、一处古遗址或一座石窟寺，力求立体全面地展示丝绸之路上的历史遗存、人文故事和风土人情。这是一套丝绸之路旅游观光的文化指南，从中可观赏到汉代桑蚕基地的鎏金铜蚕，饱览敦煌石窟飞天的婀娜多姿，聆听丝路古道上的声声驼铃。古丝绸之路是人类文明的宝贵遗产，记录着社会的沧桑巨变，这也是一部启封丝路文明的记忆之书。

“丝路物语”书系，以阐释文物为重点。文物是中华民族的精神标识。“要让收藏在博物馆里的文物、陈列在广阔大地上的遗产、书写在古籍里的文字都活起来。”这对于激发人民群众对中华优秀传统文化的了解、认同和热爱，坚定文化自信，汇聚发展力量不可小觑。

文物是不可再生的国之珍宝，从中可折射出人类文明的恒久魅力。对文化的认同感与归属感应当成为一种生活状态。我们从梳理丝绸之路沿线博物馆馆藏文物、石窟寺或大遗址为契机，从文化的立场阐释文物的历史意义，每篇文章涵盖了文物信息的描述、历史背景的介绍、文物价值的分享和知识链接等板块，在聚焦视角上兼顾学术作品的思想层与通俗作品的故事层双重属性，清晰地再现文物从物质性到精神性的深层转变，着力探讨文物作为一种精神力量对历史的思考。用时空线索描绘丝绸之路的卓越风华，为读者梳理丝绸之路的文化影响，以文物揭示历史规律，彰显更深层、更本质的文化自信，激发读者的民族自豪感。“丝路物语”书系以文物为研究对象，从中甄选国宝菁华，讲述它们的前世今生。试图让读者从中感受始皇地下军团的烈烈秦风，惊叹西汉马踏匈奴的雄浑奔放，仰慕大唐《阙楼仪仗图》的盛世恢宏，这是一部积淀文化自信的启智之作。

“丝路物语”书系，以互动可读为特色。在大众传媒多元数字化的背景下，综合运用现代科技的引进更能推动文化传播的演变进入一个崭新的领域，相契于文字的解读，更透出传统文化的深邃意蕴。为多维度营造文化解读的可能性，吸引更多公众喜欢文物、阅读文物，“丝路物语”可谓设计精良，处处体现出反复构思、创新的态度。设计重点关注视觉交流的层面，借助丰富的图像资料和多媒体技术大幅强化传统文化元素可视、可听、可观的直接特征，有效提升文化遗产多维度的观感效果。古人著书立说重字画兼备，“宣物莫大于言，存形莫善于画”，所以由“图书”一词合称。本书系选用了大量专业文物图片，整体、局部、多角度展示，让读者在阅读文字之余通过精美的图片感受文化的震撼与感动，让读者更好地认知历史、感知经典，体验当代创新之趣。

“丝路物语”书系，以弘扬互利共赢的丝路精神为使命。“丝绸之路：长安—天山廊道的路网”在东亚古老的华夏文明中心和中亚历史悠久的区域性文明中心之间建立起长距离的交通联系，在游牧与定居、东亚与中亚等文明交流中具有重要意义，并见证了古代亚欧大陆人类文明与文化发展的主要脉络及若干重要历史阶段以及突出的多元文化特征，是人类进行长距离交通、商贸、文化、宗教、技术以及民族等方面长期交流与融合的文化线路杰出范例。

2000 多年前，我们的先辈筚路蓝缕，穿越草原沙漠，开辟出联通亚欧非的陆上丝绸之路。这不仅是一条通商易货之道，更是一条文化交流之路。沿着古丝绸之路，中国将丝绸、瓷器、漆器、铁器传到西方，也为中国带来了胡椒、亚麻、香料、葡萄、石榴。沿着古丝绸之路，佛教、伊斯兰教及阿拉伯的天文、历法、医药传入中国，中国的四大发明、养蚕技术也由此传向世界。更为重要的是，商品和文化交流带来了观念创新。比如，佛教源自印度，却在中国发扬光大，在东南亚得到传承。儒家文化起源于中国，却受到欧洲莱布尼茨、伏尔泰等思想家的推崇。这是交流的魅力，互鉴的成果。这些各国不同的异质文化，犹如新鲜血液注入华夏文化肌体，使脉搏跳动更为雄健有力。古丝绸之路绵亘万里，延续千年，积淀了以和平合作、开放包容、互学互鉴、互利共赢为核心的丝路精神。

新时代、新丝路、新长安。2017 年，习近平主席在“‘一带一路’国际合作高峰论坛”上指出：古丝绸之路是人类文明的宝贵遗产。为让这些遗产、文物鲜活起来，西安出版社策划出版的“丝路物语”书系，承载着别样的期许与厚望，旨在以丝绸之路的隽永品格对话当代社会的文化建构，以高度的文化自觉唤醒当代社会的文化自信。

我们作为丝绸之路起点长安的文化工作者，更应该饱含对传统文化的深厚感情，自觉担负起实现中华民族伟大复兴的历史重任，充分运用长安学的最新研究成果，为保护、研究和传承人类文明的宝贵遗产尽心尽力，助推“一带一路”伟大事业的蓬勃发展。

精品力作是出版社的立身之本，亦是文化工作者的社会担当。“丝路物语”书系的出版，凝聚着众多写作和编辑人员的思考与汗水。借此，特别感谢郑欣淼部长的热情赐序；感谢策划人、西安出版社社长屈炳耀先生的睿智选题与热情相邀；感谢相关遗址、博物馆领导的支持和富有专业素养的学者和摄影人员的精心创作；更要感谢西安出版社副总编辑李宗保和编辑张正原认真负责、卓有成效的工作。

“丝路物语”书系的出版虽为刍荛之议、管窥之见，但西安出版社聆听时代声音、承担时代使命以及致力于激活文化遗产、传播中国声音的决心定将引领其走向更远的未来。

是为序。

· 李炳武 ·

陕西省文物局原副局长、陕西省文史馆原馆长、“长安学”创始人、陕西师范大学国际长安学研究院首任院长、三秦文化研究会会长、长安学研究中心主任、著名历史文化学者。

西夏·灰陶鸱吻

西夏博物馆

目录

开篇词

西夏，一个由党项人在中国西北建立的少数民族政权。在风云变幻的历史长河中，西夏与辽、金、宋并存，倔强地在周边强大政权的夹缝中创造出了辉煌而独具特色的文化。公元1227年，西夏王朝为蒙古所灭，从此，一个神秘的民族尘封千年。国家灭亡了，政权消失了，但是文明不会就此湮没，西夏为我们留下了丰厚的文化遗产。位于宁夏回族自治区银川市贺兰山东麓的西夏博物馆，是国内第一座以西夏陵园为背景，全面介绍西夏历史文化及西夏陵传承保护历程的专题博物馆。一个消失的民族，一段失落的记忆，走进西夏博物馆，寻找揭开神秘王朝面纱的密码。

西夏简史

揭开神秘王朝的面纱

1038年，元昊称帝，自号『大白高国』，仿唐、宋制度设官制，定律令，建监军司。西夏历经十帝，于1227年被蒙古所灭。

唐末，夏州党项族首领拓跋思恭率部参与平定黄巢起义，因功被唐王朝封夏国公，授定难军节度使，赐国姓“李”姓。北宋初期，党项族首领继迁、德明父子以夏、绥、银、宥、静五州之地为根据地，不断地向西开拓。1038年，德明之子元昊称帝，并抛弃唐朝所赐“李”姓和宋朝所赐的“赵”姓，以党项族“嵬名”为国姓，自号“大白高国”，仿唐、宋制度设官制，定律令，建监军司。西夏帝国历经十位皇帝，于1227年被蒙古所灭。

党项部落，原居住于今天四川、青海、甘肃三省区的交界地带，早期党项“每姓别自为部落”。隋朝建立后，部分党项部落先后降服于隋朝。唐朝初年，因受吐蕃的侵扰，向中原王朝请求内迁，遂举族长途跋涉，安置于庆州（今甘肃庆阳市）和夏州（今陕西靖边县）。从唐末经五代到北宋初，受中原王朝所封的拓跋氏藩镇割据势力逐渐强大起来，北宋建立后开始逐渐脱离宋朝的羁縻统治。公元 982 年，继迁率部与宋朝发生冲突。公元 997 年，宋朝授予继迁夏州刺史、定难军节度使名号，恢复夏州党项族拓跋氏的政权。公元 1003 年，继迁迁都西平府（今宁夏灵武市西南），1020 年，继迁之子德明迁都兴州（今宁夏银川市），之后一段时间内党项人休兵息民，加强与中原及周边其他政权的经济、文化交流，并将势力逐渐深入河西走廊一带，拓展疆土数千里，为西夏建国奠定了坚实的基础。

元昊建国前夕，升兴州为兴庆府（今宁夏银川市），大兴土木，营造宫室，广修殿宇。兴庆府“东西长六里，南北宽三里”，有宫城和外城两重，外城呈长方形，“周回一十八里，东西倍于南北”。城内设有各种官府机构、街坊巷市、寺院、军营、仓库、民舍等，构成了西夏的政治、经济和文化中心。

元昊一朝，是西夏建国后诸事皆兴的时代，整个西夏社会呈现出欣欣向荣的稳步发展势头，为之后西夏中期的兴盛起到了重要的推动作用。元昊去世后，西夏皇族与后族之间产生了尖锐的矛盾。西夏统治者为巩固政权，采取了一系列措施，对内兴儒学、创制法律、巩固统治，对外采取“联辽抗宋”“联辽抗金”“依金扩张”等一系列策略，使西夏政权得到不断地发展和完善，至仁宗仁孝时期达到鼎盛。

西夏后期，国力式微，政治腐败、经济衰退，军事影响力也远不如前，最后在蒙古大军的强劲攻势下，走向了灭亡。

西夏陵概述

贺兰山下的遗韵

西夏陵的陵区选址、陵园布局、建筑技术、建筑艺术、墓葬方式等，见证了西夏文明博采众长、兼收并蓄，多元文化融合共生的鲜明特点。

“事死如生”是中国古代社会中的普遍观念，因此古人极为重视对墓葬的营造，其中尤以历代帝王陵墓为代表，而西夏陵是其中翘楚。

西夏陵是埋葬西夏皇帝与贵族的墓地，位于宁夏回族自治区首府银川市西35公里处，西傍贺兰山，东临银川平原及黄河，地势西高东低，环境疏朗开阔，这一地带被西夏视为“风水宝地”，用来修建规模宏大的皇家陵园。

历史文献中关于西夏陵的记载并不多见，《宋史·夏国传》记载了李继迁的陵号：“（继迁）景德元年正月二日卒，年四十二，子德明立。祥符五年，德明追上继迁尊号曰应运法天神智仁圣至道广德孝光皇帝。元昊追谥曰神武，庙号太祖，墓号裕陵。”另外八位皇帝——太宗德明、景宗元昊、毅宗谅祚、惠宗秉常、崇宗乾顺、仁宗仁孝、桓宗纯祐、襄宗安全的陵号分别为嘉陵、泰陵、安陵、献陵、显陵、寿陵、庄陵、康陵，关于陵墓的确切位置、形制等问题则未见提及。其他相关历史文献记载的西夏陵信息也不外乎如此，对陵墓所处位置的描述也仅知在贺兰山东麓，如明代志书中记载：“贺兰山之东，数冢巍然，即伪夏所谓嘉、裕诸陵是也。其制仿巩县宋陵而作，……人有掘之者，无一物。”另有安塞王朱秩炅《古冢谣》载：“贺兰山下古冢稠，高下有如浮水沤。道逢古老向我告，云是昔年王与侯。”其他史书如《辽史》《金史》等，所记载内容也大致相似，这些流传下来的记载虽然没有具体说明墓葬的详细情况，但至少指出了西夏陵墓的大体位置。

马鹤天所撰《内外蒙古考察日记》中有这样的内容：“由长流水（今巴颜浩特之南，宁朔县之西）行数里，即入贺兰山，群峰耸峙……二十里至三关……未几至二关，山坡边间有边墙，即长城的一部。又未几至头关……由此即豁然开朗，平原千里，远望有一大冢，据说是李元昊墓。”这是近代关于西夏陵所处位置的记载，之后很长一段时间内，虽然西夏陵就在银川市附近，但一直未被重视。

20 世纪 60 年代，空军某部在西夏陵区内施工，发现了大量包括建筑构件在内的文物，引起了相关部门的重视，西夏陵的神秘面纱终于被一点点揭开。70 年代，宁夏文物工作者开始对西夏陵进行调查和发掘，发掘

贺兰山

了 3 座陵墓（现编号 5、6、7）和 4 座陪葬墓以及 3 个窑址，出土了一批重要文物，如鎏金铜牛、石马、各类建筑构件、西夏残碑等，其中 7 号陵的残碑显示该墓的墓主为西夏第五代皇帝仁宗仁孝，这是西夏陵中唯一能确定墓主的陵墓。

20 世纪 80 至 90 年代初，宁夏文物工作者对西夏陵展开了更全面的调查工作，确定了西夏陵共有帝陵 9 座，陪葬墓 206 座，对陵区整体的布局、墓葬及遗址的分布有了清晰的认识。发掘了陵区北端建筑遗址约 4400 平方米，出土了一大批建筑构件、瓷器、陶器、金属器等重要文物。

在之后的十余年中，银川市成立了西夏陵区管理处，开启了陵区的保护及旅游开发工作。在这期间，宁夏文物考古研究所等单位对 3、6 号陵地面建筑又进行了全面的清理，探明了两座帝陵单体建筑基础结构和格局，出土的迦陵频伽、摩羯、海狮等造型独特的建筑构件引起了学术界的高度重视。与此同时，完成了西夏陵航空摄影测量项目，相关调查测绘、数据采集和图片资料收集等工作也稳步开展，又新发现了若干陪葬墓，其总数已达到 271 座。对西夏陵的保护工作也没有懈怠，2012 年以来，先后完成了 4 号陵、1 号陵和最大陪葬墓的抢险加固保护工作，其他陵墓和建筑遗址的抢救性保护工作也陆续展开。

西夏陵区的 9 座帝陵，南起榆树沟，北达泉齐沟，东至西干渠，西抵贺兰山下。自南向北分布在 4 个自然区内，第一区有帝陵 2 座，即今天编号的 1、2 号陵，俗称“双陵”；第二区有帝陵 2 座，为 3、4 号陵；第三区有帝陵 2 座，即 5、6 号陵；第四区有帝陵 3 座，分别为 7、8、9 号陵。帝陵均坐北朝南，呈南北向长方形，有高大的、近似圆锥形的陵塔。几座帝陵的结构基本一致，由角台、阙台、月城、碑亭、陵城、门阙、献殿、陵塔等部分组成，有的陵园还筑有外城，有全封闭式和半封闭式两种。

西夏陵地处贺兰山东麓中段，为山前洪积扇，受雨雪、风化的侵害较严重，由于宁夏昼夜温差较大，陵区内很多建筑产生裂沟，从而使建筑损毁，加之经过历朝历代战火的损毁，现留存的西夏陵遗迹都有不同程度的破坏。

如今，在帝陵陵塔前仍留有大小不等的盗洞，被挖出的土甚至还留在盗洞周围。据研究，西夏陵很可能在蒙古贵族灭亡西夏的战争中遭到严重破坏。史载蒙古灭西夏时，西夏末帝李晛被杀，西夏都城中兴府被“屠”，而西夏陵也被盗掘和洗劫。在西夏之后，这些陵墓一再被盗掘，很多陵墓都有不止一处的盗洞。虽然历经劫难，今人仍然可以根据现有的遗迹了解陵墓的构造以及当时西夏陵的宏伟规模。

总体而言，西夏陵的整体布局是仿照宋陵建造的。宋以前的陵墓如汉、唐陵墓，分布和选址略显分散，从宋代开始则相对集中，即将历代皇帝葬在一个很大的“公共墓地”，分别建置陵园，开启了陵园建筑的新模式。西夏陵正是这个模式，大体的布局和建筑类型，与宋陵有很多相似之处。从平面布局来看，宋陵的建筑以中轴线为准左右对称，陵园由阙台、乳台、石像生、陵城、角阙、献殿、陵台、下宫等建筑组成，西夏陵与之相比略有变化，但大体相同。从西夏陵现存地表残迹以及建筑构件推测，其建筑也是具有中原传统特色的木结构大屋顶建筑，雕梁画栋、红墙碧瓦。《旧唐书·西戎传·党项羌传》中记载了当时的党项人居住在用牛羊毛织成的帐篷里，死后要实行火葬，将尸体焚烧。但我们今天在西夏陵所看到的并不是这样，说明在唐以后很长一段时间里，西夏逐渐接受了来自中原地区文化的影响，本民族的很多风俗习惯有了改变。

同时，我们也不能忽视西夏陵与宋陵之间的不同之处，如宋陵的陵园多为单城正方形，而西夏陵多为双城长方形；宋陵有乳台、下宫，但无碑亭、角台，西夏陵却正好与之相反；宋陵的石碑往往立于陵城南门前，没有其他建筑对其进行围护，而西夏陵则在神道两侧的显著位置建造碑亭，用以存放石碑；宋陵的石像生排列得很长，位于阙台和神门之间的神道两侧，而西夏陵则将其置于月城内的神道两侧，缩短了陵园的前后距离，整体布局显得更为紧凑。其中最大的区别还要数陵台的位置，西夏陵的陵台不在陵城的中心位置，而是偏离中轴线，矗立在陵园的西北方，形制也与宋陵的方形不同，是很特殊的、实心的、多级（五至九层）的八角形密檐式塔，十分壮观。这是西夏陵最具特色的建筑，塔型的建筑风格也充分体现了西夏文化受佛教文化影响的部分。

众所周知，如今的银川市就是昔日西夏的都城兴庆府，而贺兰山中还有一系列的皇家离宫别苑，将西夏陵区、行宫与兴庆府结合起来观察，就能看出这三者相互之间的关系，同时也就理解了西夏王朝对于陵园、行宫、都城三位一体的布局思想。

我们再观察西夏陵的选址，就能体会出其人文与自然相统一的思想理念。陵园紧靠贺兰山，地势较高，有一种居高临下的威严感，开阔的视野给人强烈的疏朗、庄重、肃穆的感觉。陵园整体被周围环境烘托出强大的气势，靠山居高同时也能防洪抗灾。布满砂石的戈壁地表有利于排水，给了陵区较强的保护，想必这也是当初陵园选址的考虑因素之一。

西夏陵的陵区选址、陵园布局、建筑技术、建筑艺术、墓葬方式等，见证了西夏文明博采众长、兼收并蓄、多元文化融合共生的鲜明特点。

一、2号陵
父子双陵

1号陵被认为是西夏王朝太祖继迁的裕陵，2号陵被认为是西夏王朝太宗皇帝德明的嘉陵。2号陵与1号陵共同被称为『双陵』。

1号陵

1号陵被认为是西夏王朝太祖继迁的裕陵，位于西夏陵区最南面，第一区的中部，所在区域地势平坦开阔，方向为180°。陵园面积共8万平方米，由陵城、月城、封闭式外城组成，陵园内部由南向北依次为角台、外城、阙台、碑亭、月城、陵城、献殿、墓道封土、中心台、陵塔。陵塔、阙台、角台保存状况相对较好，陵城的门阙、角阙尚存部分夯土遗迹，碑亭、献殿仅存基址部分。

外城呈长方形，南北长342米，东西宽222.5米。现外城仅存土埂状墙垣。南墙中央辟出门，但现仅存残址，宽约7米，其余三面无门，为

1号陵全景（远端为2号陵）

封闭式墙体。外城损毁严重，仅留底部遗址，目前墙体宽度约 2 米，残高 0.4 米。

角台共 4 座，皆在外城墙外侧，东北角台和西北角台间距 223 米，东南角台和西南角台相距 222 米。4 座角台仅存夯土墩体，呈方形，自下至上有收分。墩台顶部较平，中央又有一夯土结构的二层台体，但破坏严重，仅见四周散落有瓦片和建筑构件。角台底部附近地表也散落着瓦片、瓦当、滴水等建筑构件。

阙台共 2 座，分别位于外城门址内侧，东西相对，间距 70 米，距外城墙水平距离为 65 米，垂直距离 11 米。皆由黄沙土夯筑而成，横剖面为梯形。从现存遗迹可以看出，阙台夯土墩体自下而上略有收分。墩台顶部较平，中央再筑一夯土结构的二层台体，损毁较严重。阙台底部有较厚的倒塌残迹，地表散落着瓦片、瓦当、滴水等建筑构件。阙台原有外部木结构建筑塌毁，目前两阙台残高约有六七米。

碑亭共 3 座，分别位于两座阙台的北面以及月城的南面。其中两座较大的碑亭分列于中轴线两侧，东西对称，间距 60 米，较小的一座位于东碑亭与东阙台之间，分别距离两者 10 米和 16 米。3 座碑亭均已坍塌，仅存的基址部分被掩埋于倒塌的残迹中。碑亭的基址外形为方形，台基四周呈缓坡状，台基上及其周围散落大量的砖、瓦、石碑残块及少量琉璃瓦和槽形瓦残块。

月城位于陵城的南部，东、西碑亭之北。月城为长方形，东、南、西三面有墙垣，北面依陵城南垣而建。月城城墙以夹有大量砾石的黄土版筑而成，已坍塌，唯有两门阙仍有少部分遗存。月城南墙长 114.4 米，中央辟出门道，南墙东、西两段各长 46 米。月城门由门道和门道两侧的门阙组成，全长 22 米，门道长约 15.8 米。月城的门阙周围及墙基两侧散落大量残砖、板瓦、筒瓦、滴水、瓦当等建筑残件。城内还隐约可见 6 座石像生台基，东、西各 3 座，沿陵园中轴线对称分布，每座间距 8 米，周围有零散的石雕残件。

陵城由东、西、南、北四面墙垣围筑而成，为长方形，每面墙中央都有门，四角筑角阙。陵城内由南向北建有献殿、墓道封土、陵塔等建筑，这些主要建筑之间的连线位于中轴线西侧。陵城墙体由含砾石的黄土版筑而成，夯层清楚密实。东、西墙长 180.5 米，南、北墙长 175 米。陵城的城墙部分已经全部坍塌，仅存基部。

从现存遗迹看， 4 座角阙均为曲尺形夯土墩台，大多坍塌严重。地表以上的遗迹已看不出原来的建筑形制。在陵城城墙两边及门阙、角阙周围散落有砖瓦等建筑构件，其中以南门尤为密集。发现的建筑构件主要有条砖、板瓦、筒瓦、滴水、瓦当等。

献殿在陵城内南门偏西北 36 米处，地面建筑已倒塌，仅存长方形覆斗状夯土台基，四周呈缓坡状，底边东西长 20.7 米，南北宽 14 米，高 1.4 米。在献殿遗址的地表布满瓦砾等残损建筑构件，主要有条砖、素面方砖、花纹方砖、瓷质槽形砖、白瓷瓦以及鸱吻、脊兽、石雕残块等，其中有部分建筑构件表面施绿釉。

墓道封土位于献殿北端，南端距献殿 5.3 米，全长 44 米；北高南低、北宽南窄，北端底部最宽处 12 米，顶部宽 2 米，高 2 米；南端底部宽 5.6 米，顶部宽 1.4 米，高 1.4 米。墓道封土表面多较大的石块，其北端被盗坑破坏。盗坑为圆形，位于墓道封土北端与陵塔之间，直径 9 米，深约 1.2 米，系早期盗墓所留。

陵塔位于陵城内部最北边，处中轴线的西侧，为夯土建筑。东面距陵城东墙内侧 95 米，北面距陵城北墙内侧 34 米，西面距陵城西墙内侧 47 米。陵塔现存高度 28.3 米。塔身层次较为分明，共 9 级。从外观看，陵塔大致呈八棱锥体状。塔身四周布满柱孔，分层排列、极有规律——水平方向，每级两到三排柱孔；竖直方向，每面两纵行柱孔，等距排列。柱孔多呈圆形，直径 0.2 米左右。陵塔顶部已风化成馒头形。周围散落的各种建筑残件十分密集，除普通板瓦、筒瓦等建筑构件外，还有许多绿色琉璃饰件，如鸱吻、兽头、脊饰及瓷质槽心瓦、白瓷瓦等。据此推测，陵塔上原应有砖木结构的建筑物。

另外，在陵城内部的正中心，墓道封土东侧，现仅存建筑的夯土墩台，纵剖面为梯形。从现状看，该遗迹底部基本为正方形，顶部较底部逐渐内收，顶部较平直，由于残损，现为不规则形，四周散落有部分建筑构件，如瓦当、滴水等，此遗迹的功能尚未得知。

2号陵

2号陵与1号陵共同被称为“双陵”，位于后者的北面西侧，两者南北相距26米，以两座帝陵的西墙外侧计算，东西间距为170米。该陵的陵园格局、规模与1号陵相同，仿佛一对“双胞胎”，被认为是西夏王朝太宗皇帝德明的嘉陵。据史料记载，元昊称帝后，追封其祖父、父亲，并重新建陵，1、2号陵布局、规模以及形制都相同，很有可能都是元昊时期所建，年代相差不多，极有可能是继迁、德明之陵墓。

3号陵 昊王之墓

3号陵结构十分奇特，在西夏陵区中是独一无二的，在中原地区的历代陵墓中也是没有的，对我国古代陵墓建筑研究具有重要的意义。

3号陵南距1号、2号陵所在区域约3870米，西距4号陵（山脚下）1670米。周围地势开阔平坦，是9座帝陵中保存最好的一座，被认为是西夏开国皇帝元昊的陵墓。1997年和1998年，文物工作者先后对东、西碑亭进行了清理发掘，2000至2001年，又对陵园建筑遗址进行了大规模地清理发掘，基本探明了3号陵各单体建筑的建筑形制、施工工艺和建筑技法。3号陵陵园地势西北高东南低，陵园无外城，自南而北由东西阙台、东西碑亭、月城、陵城构成。陵园整体呈正方形，面积约15万平方米，方向150°。

角台共4座，是陵园最外围的建筑。由于无外城，4座角台的位置、

3号陵全景

间距即划定了整个陵园的兆域，使陵园形成南宽北窄的格局。其中只有西北角台保存相对完整，其他3个角台破坏十分严重。与1、2号陵呈方形的角台不同，清理后的3号陵西北角台为圆形建筑，基部直径与现存夯土遗迹高度均约5米，顶部有类似塔刹的建筑，基础夯土壁面外抹一层草拌泥，其外再涂一层赭红泥墙皮。此外，在角台倒塌的残迹中还发现了红陶和琉璃频伽、套兽等残件，也有板瓦、筒瓦、瓦当、滴水等建筑构件。

阙台2座，位于陵园南端，沿陵园中轴线东西对称，间距110米，处于陵园地势最低处。阙台在外观上虽有一些差异，但清理后基本建筑形制大体相同，均属高台式建筑。建筑的顶部和外层结构现已塌毁，仅存上部

3号陵阙台远景（由东南向西北）

有二层台的圆形夯土墩台。台体自下而上内收，顶部较平整，整体形制类似一个截顶圆锥体。阙台四周没有可以登高的踏步、台阶等遗迹。阙台周围地表散落有瓦片、脊饰等，发现有红陶频伽、套兽等残件，也有板瓦、筒瓦、瓦当、滴水等建筑构件。

碑亭仅2座，较1号、2号陵要少一座，位于阙台北面、月城南面，两座碑亭沿陵园中轴线东西对称，间距85米。碑亭发掘前均为覆斗状高大台基，台基顶部及四周遍布残砖、砂岩块等遗物。碑亭的台基皆分为5级并逐级内收，外缘包砌着青砖，但如今各级边缘已参差不齐。台基南面中部还存有斜坡踏道，这也是1号、2号陵所不见的形制。

月城位于陵城南部，东、西碑亭之北。月城依陵城南墙垣而建，与陵城构成的平面呈“凸”字形。月城呈东西长方形，由夯土墙垣、城门、门阙组成，东西长130米，南北宽52米，面积6760平方米。月城夯土墙垣保存较差，多数都基本倒塌，仅残存垣基部分。墙体用黄土版筑而成，每

3 号陵东碑亭全景（由东南向西北）

版夯土长度 3.5 米左右，版接缝处内外对称分布有方形柱槽；柱槽均凿挖于夯土墙体上，内安插立柱。墙体表面先用草拌泥抹平，其外再刮抹一层赭红泥皮。月城内外地层残迹中出土了大量的板瓦、筒瓦、瓦当、滴水等建筑构件。月城南部正中辟出城门，城门由门道和位于门道两侧的门阙两部分组成。两侧门阙均由 3 个依次渐小的相互连接的圆弧形夯土墩体组成，墩体基部可见残存的包砖。月城内保存有 4 条南北向排列的用于陈放石像生的夯土台基，东西各 2 条。台基外侧用青砖包砌，周围出土了大量的石雕残件，包括人头、人体上躯体部分及马尻等件。

陵城大体呈长方形，方向 150°。陵城由东、西、南、北四面墙垣围筑而成，每面围墙正中辟出门，四角筑有角阙。东墙全长 180 米，西墙全长 180.5 米，南墙全长 163.7 米，北墙全长 164 米。从现存遗迹可以看出，陵城四面墙垣形制、结构与月城墙垣基本相同，内层系用较纯净的黄土版筑而成。墙体内外两侧接近等距离地对应分布有暗柱槽。中层为草拌泥抹平墙面层，外层则用赭红色矿物颜料调和的细腻红泥涂抹，墙面较平整。

陵城的 4 座门址均由门道和两侧的门阙建筑构成，以南门规模最大，其余各门规模和形制都相同。每座门址两侧门阙分别由 3 个连为一体的，规模由门道向两侧依次递减的近似圆柱形的夯土墩台组成，平面呈连弧状。南门是唯一能出入陵园的门址，其他三门均有隔墙。从形制规模到建筑装饰手法等，南门都比其他各门等级高，拥有其他三门所没有的斜坡漫道，突出其作为“正门”的地位。南门周围出土的建筑构件都是采用绿釉琉璃为原料，包括带翅膀的鱼龙形摩羯，狮子（海狮），频伽，还有套兽和兽面纹瓦当等。

角阙位于陵城四角，共 4 座。3 号陵角阙建筑与其门阙建筑形制相类似，基本结构均由几个近圆形夯土墩台组成。陵城的南面两座角阙和北面两座角阙形制略有不同。南面两座，即东南角阙和西南角阙，由连接为曲尺形的 5 个近圆形夯土墩台组成。北面的东北角阙和西北角阙，由连接为曲尺形的 7 个近圆形夯土墩台组成，四角角阙整体呈平面曲尺连弧形，与其他陵为直角形不同。每座角阙均以转角处一座墩台规模最大，两侧墩台依次渐小。每个角阙的墩台中心连线构成一个近 90° 的角。每座墩台台体均近似圆柱体，并自下而上略做弧线形内收。墩体内外壁面下部残留有用楔形砖和长方形条砖包砌现象，包砖随着夯土墩体的形状层层向上叠涩内收，包砖与夯土墩体之间的空隙用黄泥拌合砖块或土坯等填实，墩体外侧包砖今已大部分缺失。

3号陵陵塔（由南向北）

献殿与其他陵不同。3 号陵的献殿台基平面为一个等边的八角形，每边长 9.1 米，台基最大外径约 24 米，系用夯土版筑。夯土外侧用长方砖平铺错缝垒砌，包砖与夯土之间的缝隙用碎砖、瓦片、土坯加黄泥填实。台基现存高度约 1 米，台面全部由青砖铺设，其中有素面方砖、莲花纹方砖，还有缠枝忍冬纹窄长方形花砖，花纹砖多使用在献殿的中心部位。献殿台基南北设有斜坡漫道，漫道的夯土表面同样使用大长方砖压边铺砌，漫道上平铺莲花纹方砖。从现有遗迹可以看出，献殿应是在八角形台基上建有面阔三间、进深三间的方形殿堂。

墓道的水平总长度为 47 米左右，平面呈南窄北宽的梯形，南端开口宽 5.6 米，北端开口宽 13.5 米。墓道的现存部分大体呈斜坡状，坡度 24°，以此可推测墓道底部最深处约 21 米。在墓道东、西两壁底部沿墓道坡面各有一行横洞孔，在墓道坡面上与洞孔相对应的部位，隐约可见一层层阶梯痕迹，推测墓道原本可能为阶梯式。每个阶梯是用长度大于墓道底面宽度的圆木两头插入两壁洞孔内构成，以横置的圆木阻挡砾石沙土坍塌下滑而形成一个个阶面。

陵塔位于陵城内北部偏西处，偏离陵园中轴线西侧 10 余米。陵塔通体用黄土夯筑，现存类似于截顶圆锥形夯土建筑，仿佛馒头状，残存的陵塔高为 21.5 米。陵塔表面风化严重，西北侧表面受雨水冲刷，夯土流失情况严重。在夯土周围自上而下沿陵塔表面有 10 余条被雨水冲刷的大小冲沟，北面自上而下有一条冲沟达 1 米多深。陵塔表面有许多风化剥离的

3号陵神道（由南向北）

大小风洞，塔体靠近基部的部分风蚀形成内凹的束腰状。塔基为一规整的圆形，直径37.5米，周长118米。在塔基外部分地方发现夯土体外表涂抹草拌泥的现象，草拌泥外再涂抹一层赭红泥皮。陵塔基部周围出土了大量的建筑构件、饰件，包括板瓦、筒瓦、瓦当、滴水、红陶和釉陶频伽、套兽等。

3号陵与其他帝陵不同，除碑亭、献殿为方形结构外，其他建筑台基都为圆形结构，特别是陵城城门两侧的门阙台基和四角的角阙台基，为相互连接的圆形墩台构成。这种结构十分奇特，在西夏陵区中是独一无二的，在中原地区的历代陵墓中也是没有的，对我国古代陵墓建筑研究具有重要的意义。

其他帝陵

历尽沧桑　巍然不动

塔型的建筑风格是西夏帝陵最大的特色，充分体现了西夏文化受佛教文化影响的部分。

4号陵

4 号陵位于陵区二区西侧，紧靠在贺兰山脚下，东南距 1 号、2 号陵所在区域约 3650 米，东距 3 号陵 1670 米，被认为是毅宗谅祚的安陵。陵园西、北两面环山，地势西北高东南低。4 号陵陵园无外城，其他如角台、阙台、碑亭（仅存 1 座）、月城、陵城等建筑遗迹与 1 号、2 号陵的布局、形制相似，陵区面积为 10 万平方米，方向 160°。

5号陵

5 号陵位于陵区三区西北部，南与 3 号陵相对，两陵相距约 1900 米；西与 6 号陵相邻，两陵北墙基本在平行线上，东西相距约 457 米。地势北

4 号陵陵塔（由南向北）

5号陵航拍图（由南向北）

高南低。5 号陵陵园由半封闭式外城、角台、阙台、碑亭、月城、陵城、献殿、墓道封土、陵塔等组成。5 号陵遭到较严重的破坏，角台、墙垣全部坍塌，阙台风化严重，陵塔遭人为取土破坏，只余少部分。陵园面积为 10 万平方米，方向 160°。

5 号陵外城形制比较特殊，其他建筑遗迹的布局、形制与 1 号、2 号陵相似。5 号陵的外城与陵城墙相距约 6.4 米，为半封闭式，没有南墙，东、西两墙自北向南至陵城南墙位置终止。现残存的外城东西长 200 米，南北宽 198 米，墙体宽约 1.5 米。外城墙到达陵城东、西、北三门址处，皆向外凸出一个长方形空间，形似小瓮城，长 19 米，宽 10.5 米，其内地面平整，没有其他遗迹。

6 号陵

6 号陵位于陵区三区西北侧，紧靠贺兰山脚，被认为是崇宗乾顺的显陵。陵园坐落在一处半月形的山坳中，东北 500 米为山嘴沟，正东 457 米即为 5 号陵，南距 4 号陵 2230 米。南面为开阔的山前洪积扇，有公路从阙台南穿过，将东南角台与陵园隔断。西北侧为一条山洪沟，每逢降雨，山洪多汇聚此处流出。6 号陵历经两次发掘，第一次是在 1972 年至 1975 年间，对地宫和地面各单体建筑遗址重要部位皆进行了发掘。因墓室早年被盗，发掘文物较少，但所获资料仍十分有价值，其中以建筑构件琉璃鸱吻最具代表性，是目前国内出土最大的鸱吻，被定为国家一级文物，现藏于国家

6号陵和MⅢ－093号陪葬墓俯瞰图（由东向西）

博物馆。第二次发掘时间是2007至2008年，宁夏文物考古研究所与银川市西夏陵区管理处共同对6号陵地面遗迹进行了为期两年的全面清理，出土了数量可观的汉文、西夏文残碑及鸱吻、套兽、砖瓦等建筑构件。6号陵地势西北高东南低，陵园平面呈长方形，由角台、外城、阙台、碑亭、月城、陵城、献殿、墓室、陵塔组成，面积为11万平方米，方向为170°。

6号陵的外城与5号陵相似，也为半封闭式结构，整体呈长方形且无南墙，其中东、西墙南端至碑亭处终止，无墙体连接。外城城墙系先用较大的毛石垒砌两侧外壁，中间再填以黄土和毛石块而成，主要起防洪作用，这与其他帝陵也有所不同。与3号陵相似，6号陵的碑亭也有2座，清理发掘时出土了大量文物，包括西夏文残碑、汉文残碑、人像石座，大量残砖、瓦当、鸱吻等。

6号陵的墓室由墓道、甬道、主室、东侧室、西侧室组成。墓道全长49米，方向为160°，南窄北宽、下窄上宽，坡度30°，最深处24.6米。

甬道长 6.2 米，宽约 2.3 米，墙面上绘武士像壁画，但已漫漶不清，地面以青灰色素面方砖铺砌。墓室地面距地表近 25 米，墓室分主室和左右侧室，主室前宽 6.8 米，后宽 7.8 米，南北长 5.6 米。墓壁和顶部已不存，左右侧室宽约 2 米，长约 3 米，主室和侧室间有一过道。主室充满淤泥及回填盗坑时的大石块和陵园地面建筑石雕，室内没有发现葬具，遗物有铜铃、铜泡饰、甲片、铁剑、竹雕、金鞍饰和一段人骨等。侧室发现零散的铜甲片、铜泡饰、铜铃、瓷片、竹雕、鎏金银饰等。由于此墓早年被大规模盗掘，后又经盗扰，出土遗物不多，位置紊乱。但现存遗物均为首次出土，对研究西夏历史及典章制度很有参考价值。

6 号陵的陵塔也很有特色，为八棱锥形台体，底面边长 12 米，高 18.6 米，分 7 级逐级向内收。陵塔基部外沿用方砖平砌 3 层以保护塔基和墙面，夯土壁面涂有红色泥皮。陵塔周围出土了大量瓦、瓦当、兽头以及木炭、朽木等。

7 号陵

7 号陵位于陵区北部，南距 5 号陵 2310 米，西距贺兰山脚 500 米左右。7 号陵被破坏得比较严重，地面建筑三分之二已不存，陵城东面被空军某部 20 世纪 70 年代建的场院所占用。当时对碑亭进行了抢救性发掘，出土了大量残碑，其中碑额残块经拼合，其上西夏文译为：“大白高国护城圣德至懿皇帝寿陵志铭。”经过与历史文献的核对，寿陵为西夏第五代皇帝仁宗仁孝之陵号，因此确定了 7 号陵的归属。7 号陵陵园建筑现仅存西

7 号陵近景（由南向北）

南角台、阙台、碑亭、月城，陵城的南墙和西墙、陵塔及外城墙的一部分。从陵园残存的部分建筑推测，7 号陵为封闭式外城结构，面积为 8 万平方米，方向为 170°。7 号陵整体布局、建筑形制与 1 号、2 号陵相似。

8 号陵

8 号陵位于陵区北部，仅存一座陵塔。在 9 号陵陵塔之西约 300 米，7 号陵西北约 450 米。8 号陵陵园其他建筑在 20 世纪 60 年代全部遭破坏。陵塔顶部曾修有水塔，被“古为今用”，四周形成几个大冲沟，现陵塔残高 14.2 米。从外观看大致为圆形覆钵状，陵塔地表底径约 27 米。

9 号陵

9 号陵在 8 号陵东略偏南 323 米，南距 7 号陵约 357 米。9 号陵陵园曾被空军某部的院落、道路占用，地面建筑荡然无存，仅有一裂毁的陵塔立于地面。

在房屋院落内，9 号陵陵塔的夯土台余北部三分之一，显露的夯土层和木骨遗痕仍清晰可辨。从塌毁的陵塔上留存的木骨遗迹清晰地看出，陵塔为 5 级。陵塔因塌毁过重，已摇摇欲坠。为了抢险加固，2015 年 7 月对基部进行了清理发掘，发现陵塔底部为圆形，直径 18.2 米，残高 8.8 米。南、北部各有一盗洞，二者已相通，陵塔南北两侧基础部分破坏严重。因受现代建筑及盗坑干扰，仅有零星灰陶和绿釉质地的砖瓦等建筑材料出土，偶见绿釉装饰构件残块和白灰墙皮。

8 号陵陵塔（由东南向西北）

陪葬墓、建筑遗迹及出土文物

尽是昔年王与侯

西夏陵区共有陪葬墓271座，出土了大量珍贵的文物。除墓葬遗址外，西夏陵区也留存着一些其他性质的建筑遗迹。

鎏金铜牛

青铜质地。铜牛为模制浇铸成型，中空，外表通体鎏金。铜牛屈肢而卧，牛角耸立，两耳竖起，双眸远眺，四肢有力，体态健壮，比例匀称，线条流畅，形象逼真，个体硕大，牛颈有弧纹，是西夏文物中的精品之作，具有较高的艺术价值，同时也反映出党项民族铜器铸造技术的高超以及审美观念。此件文物系1977年宁夏回族自治区银川市西夏陵区陪葬墓出土，现藏于宁夏博物馆。

鎏金铜牛

西夏（1038—1227）
全长120厘米，宽38厘米，高45厘米，重188千克
西夏陵区陪葬墓出土

大石马

采用圆雕技法制成，石马四肢屈膝跪卧，马头稍垂，颈部呈弯曲状，瞪目立耳，马鬃流畅散披颈部，身体健硕浑圆，造型虽然简洁，却完美地彰显了马匹的健壮，美观大方。此件文物系 1977 年宁夏回族自治区银川市西夏陵区陪葬墓出土，现藏于宁夏博物馆。

西夏陵区地域辽阔，除前文所述 9 座帝陵外，还有星罗密布的众多陪葬墓，目前共发现 271 座。这些墓葬饱受长时期的风雨侵蚀、各时期人类活动的扰动，都多少有不同程度的破坏。其中，保存较为完整的不仅夯土冢高高耸立，而且其他附属建筑如碑亭、月城、墓园、照壁等仍依稀可辨；而保存不完整的陪葬墓仅残存墓冢或陷于地表的盗坑。

西夏陵区的陪葬墓分布可以分为四个区域，一区的 66 座陪葬墓多集中于 1 号、2 号帝陵的北、东、西三侧 240 ~ 700 米范围内，仅 4 座陪葬墓远离这一范围，贴近陵区西侧分界线。二区的 67 座陪葬墓分布较为特殊，没有集中围绕此区的 3 号、4 号帝陵，而是多散布在通往 1 号、2 号帝陵和 3 号帝陵的道路间，且路南的数量多而密集。这与路北即 4 号陵南部有一个大的扇形洪积区密切相关，这里沟壑纵横，不适宜修建墓园。4 号帝陵坐拥贺兰山怀，南部又为洪积扇，导致其四周陪葬墓稀少。3 号帝陵也因四周被掩埋，其周边 500 米范围内现仅存 10 座陪葬墓。三区面积虽相对狭小，但因这里地势较之前两区平坦开阔，所以陪葬墓数量最多，为 118 座，且多在 5 号、6 号帝陵的东、南、西三侧分布。四区陪葬墓位

大石马

西夏（1038—1227）
全长130厘米，宽38厘米，高70厘米
西夏陵区陪葬墓出土

于整个陵区的北端，在空军某部辖区内，共有20座。其中仅1座位于本区3座帝陵（7号、8号、9号陵）的北面，其余皆在南面。

西夏陵的陪葬墓，有的为独墓，有的有墓园，还有一园多墓（两座或三座）的现象，规模也不尽相同。有的墓园规模很大，墓园内的建筑有如帝陵一样的月城、外城、碑亭、门阙、角阙、献殿等建筑，甚至还有帝陵所没有的影壁，应为地位较高的贵胄之墓。封土有圆丘、圆墩、圆锥等不同形状。墓冢的大小以及墓园内布局、规模的不同，反映出西夏社会森严的等级制度。面积超过5000平方米的大墓园主要集中在三区和四区，从侧面反映出5号、6号、7号陵时期（墓主大致为惠宗秉常、崇宗乾顺、仁宗仁孝时期）为西夏社会经济比较繁荣的时期，这与历史文献的相关记载也是吻合的。

上文提到的一园多墓是西夏陵中所特有的一种现象，从布局上看，一园两墓中一座墓葬位于西北方，另一墓葬大多位于东南方；一园三墓中，有两座墓葬与一园两墓中墓葬的位置相同，另一座则处在西南方。由此可以判断，西北方应为主墓，同一墓园中的墓主人应有比较近的关系，如有血缘的至亲，具体是怎样的关系尚未得知。

已发掘的陪葬墓中出土了大量珍贵的文物，如MⅣ-001（原182号）墓葬出土了石狗、石马，以及唐“开元通宝”和北宋“祥符通宝”“熙宁通宝”等钱币。此陪葬墓出土的残碑经过拼合，为“梁国正献王神道碑”，墓主嵬名（皇姓）安惠，在崇宗乾顺朝中任“太师、尚书令、知枢密院事”等职，地位很高。墓中出土的丝织品有素罗、纹罗、工字绫、异向绫等，其中茂花闪色锦为第一次出土，具有重要的研究价值。另一陪葬墓 M Ⅲ −107（原 177 号）陵园面积超过 2 万平方米，是陪葬墓中较大的一座，也是少数平面布局完整，有石像生遗迹的墓葬之一。该墓葬由方城、月城、外城、封土、门楼、照壁、双碑亭组成，由于被盗，遗物不是很多，有铁狗、铁釜、铁矛、铜铃、石人头、石马、面食点心、丝织品残片、瓷片等，其中出土于甬道的一件重 188 千克的鎏金铜牛前文已介绍过，是国宝级的文物。

西夏陵区范围内除保存着数量众多的西夏时期的墓葬遗址外，也留存有一些其他性质的建筑遗址。1972 年，考古工作者在陵区进行田野调查时，发现 2 处建筑遗址和 10 余处砖瓦窑和石灰窑址。位于陵区东侧中部的建筑遗址，被防护林所覆盖，建筑遗迹已完全被破坏。只见东西大约宽 50 米、南北大约长 100 米的范围内，地表散落着大量具有西夏特征的瓷片和种类、形制与陵区墓葬遗址完全一致的建筑材料。位于陵区北端的建筑遗存保存较为完整，后期统称为“北端建筑遗址”。20 世纪七八十年代先后发掘了 2 座砖瓦窑和 1 座石灰窑，并对保存状况良好的北端建筑遗址进行了部分清理发掘。

北端建筑遗址位于西夏陵园区的北端，西南距离 7 号陵约 1500 米。遗址周围地势开阔平坦，西北高东南低，高差约 4 米。遗址平面呈长方形，坐北朝南，方向为 160°，东西宽约 200 米，南北长约 300 米，面积约 6 万平方米。整个遗址主要由三部分组成。遗址南端由两个东西对称的四合院建筑组成，四合院皆呈长方形，残宽约40米，长约45米。根据墙基判断，建筑房屋合围组成了“回”字形，中间为长方形天井。遗址中段的一部分大致是由3个四合院组成，左右两侧各一，相对较小，中间一个较大，相互连接呈“凸”字形。东院东南角似曾有阁楼建筑，西院与东院相同，中院四面有夯土墙基，中部偏北有一长方形殿堂遗址，显然是整个遗址区的中心主体建筑。第三部分位于第二部分北边与遗址北围墙之间，是一个殿堂台基遗址。

北端建筑遗址出土了丰富的建筑构件，主要有大量砖瓦（灰陶和琉璃两种质地）、琉璃滴水和瓦当，少量白釉瓦和槽形瓦，琉璃鸽十余件，龙首鱼二十余件，四足兽三十余件，宝珠近十件。另外还有大量白瓷瓶、钵、高足碗、平底碗以及少量白瓷小碗、瓷盆等。在过殿以及中心主体建筑遗迹中，清理出泥塑头像数件；另有大量泥塑残块，主要是须弥座残块、仰覆莲座残件、肢体脚趾手指等残块、贴塑花纹残块、动物头部残块以及大量的其他各种装饰花纹残块。

关于北段建筑遗址的性质，有几种不同的说法——如“陵邑”“祖庙”等，也有很多人认为应该是“佛寺”，这也有一定的道理。西夏向来崇奉佛教，且历代陵墓中建有佛寺以供诵经、祈福的现象也比较多见。上述遗址出土的遗物中造型奇特的琉璃动物蹲兽，观其形制，也似乎能与佛教中法力无边的金翅鸟、摩羯鱼、吼狮等相对应。这几种蹲兽也未在历代中原建筑中出现，对古代建筑的研究具有重要价值，同时也反映出西夏建筑的宗教和民族特色。

在西夏陵东部，即110国道以东，西干渠以西的一片高冈上，曾发现过10余处西夏的砖瓦窑址和石灰窑址。1976年，文物工作者曾对其中的两座砖瓦窑和一座石灰窑进行过清理，现今窑址所处位置被大量的农田所损毁，已无迹可寻。由现有的资料可知，砖瓦窑由窑门、窑室、火膛和烟囱四部分组成，窑壁以平砖错缝顺砌而成，窑床平整，为坚硬的青灰色烧土层。火膛是在窑门门道底部挖一南北长2米的船形坑窝，宽与门道相同。烟囱位于窑室后，由方形漏斗式烟道、烟室和烟囱构成。石灰窑依冈丘的斜坡开凿，为马蹄形的土穴式，体积较小。火膛在东壁下，为一袋状凹槽。火门为拱形土洞式，火门下有排除火膛灰渣的坑窝，窑室周壁、窑床、火膛、火门处皆残留3毫米的熟石灰粉末层。

砖瓦窑出土的砖瓦和建筑构件，与西夏陵出土器物完全相同，说明这些窑是为建造西夏陵而设置的。中原地区由于土质黏性大，汉唐以来的砖瓦窑，多凿土为穴，不用砖筑造。西夏陵一带多为黄沙土，土质松散、黏性差，因此砖瓦窑多用砖砌造。西夏陵的砖瓦窑、石灰窑的结构，继承了汉唐以来马蹄形的传统形制，并且因地制宜，有所改进。

琉璃兽

避灾除恶 祥瑞灵动

西夏王陵的套兽是很典型的兽首形，与文献记载的套兽形制相同，可能是我国古代建筑中所见最早的实物，具有重要的价值。

琉璃套兽

此件琉璃套兽系陶质。整体呈龙首形，头部很夸张，大嘴满张，上颌上翘，并以弧状横纹加以装饰，上下颌内各有一对尖牙，龙舌尖翘，上唇两侧有一对弯曲獠牙向上翘起，双眉似绳索状，眼球为很大的椭圆形，并向外凸起，眼珠则呈圆形凹穴状，双眉后各有一小耳竖起，两腮外有长须和腮鳞纹，颈部呈方形直口套筒，头顶有孔，一对弯曲的长角插入其中。器物通体施绿釉，釉面光润，釉层较薄，但角、牙、眼、腭、舌这些部位不施釉。套兽整体颜色为红绿相间，非常美观大方，造型生动、设计精巧，给人以庄严、威慑之感。

琉璃套兽

西夏（1038—1227）
高17厘米，长36.5厘米；筒径长16厘米，宽14.8厘米
西夏陵区3号陵出土

琉璃四足兽

此件琉璃四足兽系陶质。头部造型为狮首状，额顶有一只分叉式犄角，眼睛和耳朵都比较小，呈昂首张口状，鬃毛向后拢起，背部有棱状脊梁，尾部很长且上翘，四蹄作奔跑状。四足兽整体造型生动有趣，奔跑的姿态矫健、飘逸，做工也比较精致。四足兽腹下有柱状支柄，用来连接脊瓦、屋脊上的装饰构件等。器物通体施绿釉，釉色略深。

套兽，是中国古代建筑屋顶构件中的一种，安装在屋顶檐角、仔角梁上，既可以保护木质角梁尽量不受风雨侵蚀，也能对建筑起到装饰和美化的作用。跑兽，也称“蹲兽”或“走兽”，是脊兽中的一种，通常置于屋顶垂脊、戗脊前端，仙人之后。垂脊和戗脊是对房屋屋顶正脊之外屋脊的称呼，其上前后排列的兽形饰件就是跑兽，跑兽的功能除装饰、美化建筑之外，也表达了古人除恶辟邪的愿望，同时因为它们与屋脊紧紧相连，也可以保护屋顶两面坡的瓦垄，又有防水的作用。

套兽、跑兽包括前文提到的鸱吻、迦陵频伽（垂兽），都是我国古代建筑屋顶上常见的构件，统称为“屋脊兽”，直到今天一些仿古建筑仍然使用这样的屋脊兽构件。

清代规定，屋顶上的跑兽数量按单数排列，建筑等级越高数量就越多。在最高等级的建筑上，跑兽的排列顺序依次是龙、凤凰、狮子、天马、海马、狻猊、狎鱼、獬豸、斗牛以及最后一个行什。以故宫为例，只有太和

琉璃四足兽

西夏（1038—1227）
通高31.5厘米，长44厘米
西夏陵区3号陵出土

殿上出现了全部的跑兽，因为太和殿是明清皇帝举行重要典礼的地方，在故宫建筑群中的地位最高，因此有 10 个跑兽，其他如乾清宫有 9 个跑兽，交泰殿有 7 个跑兽。等级越低的宫殿、屋舍，跑兽的数量就越少，如御花园中的小凉亭上仅有 3 个跑兽。

跑兽前面的装饰构件，称为“仙人”，造型为一位仙人骑在公鸡上，因此也称为“仙人骑鸡”“骑凤仙人”等，其作用是固定垂脊下端的第一块瓦片，而在这个造型出现之前，通常是用一个大长钉来固定的。在“仙人”之后排列的跑兽，都有不同的含义：

龙，是中国文化中最具代表性的动物，神秘又变幻莫测。东汉许慎《说文解字》记载：“龙，鳞虫之长，能幽能明，能细能巨，能短能长，春分而登天，秋分而潜渊。”传说中龙为神兽，能够呼风唤雨，是代表祥瑞的吉兆灵物，与古代帝王有着密切关系，是最高统治者的标志，象征“天子”。明清以来更是成为帝王专用的形象标识，皇帝又被称为是“真龙天子”。

凤凰，也是中国文化中很重要的元素，其中“凤”为雄鸟，“凰”为雌鸟，是百鸟之王，常用来象征祥瑞，凤凰齐飞，是吉祥和谐的象征。凤凰形象最初在《山海经》中的记载为“有鸟焉，其状如鸡，五采而文，名曰凤皇”，传说中凤凰“非梧桐不止，非练实不食，非醴泉不饮”，因此也用来比喻性格高洁之人。而传说发展至后期，凤凰的形象逐渐复杂起来，其所象征的意义也更加丰满。自秦汉以后，龙逐渐成为帝王的象征，而凤则用来象征后宫的皇后及妃嫔，凤凰的形象逐渐雌雄不分，整体被“雌”化。

狮子，古人心目中的百兽之王，正所谓“怒则威在齿，喜则威在尾。每一吼则百兽辟易”。象征威武之势，原本是佛教中的圣兽，后来成为我国传统信仰中的镇物。

天马，是中国古代传说中的神兽，“其状如白犬而黑头，见人则飞，其名曰天马”。另一说天马是天帝所乘的神马，生有双翼能够飞翔。也有人说天马实际上是象征着帝王的恩泽惠及天下。

海马，也被称为“落龙子”，传说是可以入海巡游的神马，比喻帝王的威德通天入海，通达四方。

狻猊，是中国古代神话传说中龙生九子之一（一说是第五子，另说是第八子）。形如狮，喜烟好坐，古书记载是外貌与狮子相似能食虎豹的猛兽，亦是威武百兽率从之意。

狎鱼，是一种长有鱼鳞和鱼尾的海中异兽，也是龙生九子中的一子，传说它和狻猊都是兴云作雨，灭火防灾的神兽。

獬豸，我国古代传说中的猛兽，与狮子形象相近。古文献《异物志》中记载：“东北荒中有兽，名獬豸。”传说其体形大者如牛，小者如羊，类似麒麟，全身长着浓密黝黑的毛，双目明亮有神，额上通常长一角。獬豸拥有很高的智慧，懂人言知人性。它怒目圆睁，能辨是非曲直，能识善恶忠奸，发现奸邪的官员，就用角把他触倒，然后吃掉。它是勇猛、公正的象征，其寓意是彰显帝王“正大光明”“清平公正”“光明天下”。

斗牛，也作“蚪牛”，传说中是一种虬龙，牛身有鱼鳞，与狎鱼作用相同，一说其为镇水兽，因为古时曾发水患之地多以牛镇之。另一说则是根据文献《宸垣识略》记载：“西内海子中有斗牛，即虬螭之类，遇阴雨作云雾，常蜿蜒道旁及金鳌玉栋坊之上。”认为它是一种兴云作雨、镇火防灾的吉祥物，将其立于殿脊之上可以起到镇邪护宅的作用。

行什是最高等级的建筑会排列十个跑兽中的最后一个，顾称此名。传说中其形象为手握金刚杵，尖嘴猴腮，背生羽翼。据说它所持的金刚杵具有降魔的功效。另外，通常认为它的形象与雷神相似，因此它的功能可能也包括避雷、保护建筑。

除了前文提到的鸱吻（吞兽、吻兽）、迦陵频伽（垂兽）、套兽、跑兽之外，中国古代建筑屋脊饰件还有望兽、戗兽。望兽位于房屋正脊的顶端，与鸱吻朝内吞脊的形象不同，望兽的兽首是向外望去；戗兽用于建筑的歇山顶和重檐建筑上。戗兽是兽头形状，将屋顶戗脊分为兽前和兽后，兽头前方安放蹲兽，其作用是防雷、固定屋脊。

西夏的套兽，最早出土于西夏陵区 6 号帝陵，后来在 3 号帝陵又出土若干。根据学者的研究，从造型上可以将其分为两大类——有角龙首套兽和无角龙首套兽。前者有双角和四角两种，出土于 3 号陵的门址、角楼、献殿、陵台等地，后者出土于 6 号陵，在贺兰山拜寺口双塔的塔檐上也有发现，由此证明了套兽的安放位置及作用。学者们的研究显示，唐宋时期垂脊、戗脊上并未出现套兽和跑兽，在这些位置上多以短柱上的宝珠作结，也见有以花蕾或脊勾头下的面砖及其他形式作结的。而西夏王陵的套兽，则是很典型的兽首形，与文献记载的套兽形制相同，可能是我国古代建筑中所见较早的实物，具有重要的价值。

西夏的琉璃四足兽，首次发现于西夏陵区的北部建筑遗址，之后在3号陵也有出土，此处所出的均为绿釉琉璃质地，一种为无角四足兽，一种为有分叉犄角的四足兽，都作奔跑状，尾巴上扬，头部造型与狮子相似。但与中原地区常见的呈蹲姿的脊兽不同，西夏的琉璃四足兽造型极富动感，与脊兽中狮子、獬豸、狻猊的形象有很大的差异，应是具有党项民族自身特色的脊兽。

将西夏建筑及屋顶构件与中原地区同类器物相比，可以发现西夏的建筑样式与中原地区基本一致，屋顶的装饰构件种类虽然相似，但造型却独具特色，尤其是垂兽迦陵频伽以及脊兽摩羯、四足兽等，很少在中原地区见到与其相似的造型，反映出浓郁的民族特色。

西夏钱币

方孔圆钱

西夏的钱币在形制上与我国古代一直流行的方孔圆钱没有太大区别，铸造工艺沿袭唐、五代和北宋初期的旧法工艺，但又有自己的特点。

西夏文“福圣宝钱”

铜质，方孔圆钱。正面铸西夏文“福圣宝钱”4字，“福圣承道”为毅宗年号（1053—1056）。

西夏文“大安宝钱”

铜质，方孔圆钱。正面铸西夏文“大安宝钱”4字，“大安”为惠宗年号（1074—1084）。

西夏文“贞观宝钱”

铜质，方孔圆钱。正面铸西夏文“贞观宝钱”4 字，“贞观”为崇宗年号（1101—1113）。

汉文“天盛元宝”

铜质，方孔圆钱。正面铸楷体汉文“天盛元宝”4 字，“天盛”为仁宗年号（1149—1169）。

西夏文“乾祐宝钱”

铜质，方孔圆钱。正面铸西夏文“乾祐宝钱”4 字，“乾祐”为仁宗年号（1170—1193）。

汉文“乾祐元宝 ”

铜质，方孔圆钱。正面铸楷体汉文“乾祐元宝”4 字，“乾祐”为仁宗年号（1170—1193）。

西夏文“天庆宝钱”

铜质，方孔圆钱。正面铸西夏文“天庆宝钱”4 字，“天庆”为桓宗年号（1194—1206）。

西夏文“乾祐宝钱”

直径2.43厘米，孔的尺寸为0.6厘米×0.6厘米，厚0.19厘米，重3.6克
西夏陵区管理处征集自宁夏回族自治区银川市

汉文“乾祐元宝”

直径2.46厘米，孔的尺寸为0.7厘米×0.7厘米，厚0.15厘米，重3.8克
西夏陵区管理处征集自宁夏回族自治区银川市

汉文“天庆元宝”

铜质，方孔圆钱。正面铸楷体汉文“天庆元宝”4字，“天庆”为桓宗年号（1194—1206）。

汉文“皇建元宝”

铜质，方孔圆钱。正面铸楷体汉文“皇建元宝”4字，“皇建”为襄宗年号（1210—1211）。

汉文“光定元宝”

铜质，方孔圆钱。正面铸楷体汉文“光定元宝”4字，“光定”为神宗年号（1211—1223）。

我国的货币不仅历史悠久而且种类繁多，形成了独具一格的货币文化。对西夏钱币的记载，见于《宋史·夏国传》中的相关内容，记录了西夏于南宋绍兴二十八年（1158）开始铸钱。清代乾嘉时期《钦定钱录》中记载了当时西夏钱币出土的情况，这是目前所知文献中记载的第一次西夏钱币出土资料；又有清代尚龄所著的《吉金所见录》记载了凉州西夏窖藏钱币的发现，发现数量不少的带有元德、天盛、乾祐、天庆、皇建、光定年号的钱币，这是一次非常重要的发现。清代金石学家刘青园也对西夏钱币进行了初步的研究，成为后人进一步研究的基础。据相关记载，在清代乾隆、道光年间，甘肃武威、陕西安康等地，也有西夏钱币的出土。1949年之后，

汉文“光定元宝”

直径2.54厘米，孔的尺寸为0.7厘米×0.7厘米，厚0.15厘米，重3.9克
西夏陵区管理处征集自宁夏回族自治区银川市

随着我国考古事业的发展，西夏钱币多有发现，主要集中在西夏陵墓、遗址、窖藏、古塔等遗迹中，尤其以各种专门贮藏西夏钱币的窖藏最为重要，目前已知的已有三十余处，分布在宁夏、甘肃、内蒙古西部、陕北等西夏故地。

如上文所举西夏钱币的实例，西夏的钱币在形制上与我国古代一直流行的方孔圆钱没有太大区别。铸造工艺沿袭唐、五代和北宋初期的旧法工艺，但规格要小得多。西夏钱币也在钱文上使用年号，与同时期的宋、辽钱币基本相同，但又有自己的特点——即分为西夏文钱币和汉文钱币两种。这两种钱币自成体系，汉文钱币称为“元宝”“通宝”或“重宝”，西夏文钱币则称“元宝”或“宝钱”，以“宝钱”为主。这种现象在宋乃至宋以前的中原政权中都不曾见过，在其他民族为主体的政权中也不多见。

虽然自元昊称帝，西夏就开始了正式的钱币铸造，但从目前所知钱币的数量、类型来看，西夏早期钱币存世数量较少。初代铸币“大夏国宝”为魏碑体汉字，此后随着元昊对本民族文化的重视和推广，所铸钱币多为西夏文。在这之后的毅宗、惠宗二朝，也仍以西夏文钱币为主，直到崇宗乾顺时期，钱币才以汉文为主，币文上的书法也从魏碑体转变成隶书和楷书。

西夏建国以后，由于本身经济水平不高，再限于矿产资源匮乏，而与周边政权之间的长期对峙大量需要铜、铁这类战略性资源，所以钱币的铸造量相对较小。为了满足贸易活动，西夏从北宋大量输入了宋钱，如西夏于1044年与北宋达成“庆历和议”，宋给西夏岁币，每年共计15万匹绢、

7 万两白银和 3 万斤茶叶，而其中白银则多折算为边境地区的铜钱输入。岁币输入的铜钱起到了流通货币的作用。因此可以看出，西夏国主要流通的货币实际上是宋钱，这可能也是为何大多数西夏钱币窖藏中出土的钱币都以北宋铜钱为大宗，占到了 80% ~ 90% 的比例，西夏钱币则占少数。

据学者们的研究，目前国内出土的大量西夏钱币窖藏，基本上集中在仁宗期间，这一时期也是西夏经济社会文化发展到顶峰的时期。目前所出土的钱币多为天盛元宝、乾祐元宝、天庆元宝、皇建元宝、光定元宝等。钱币文字以汉文为主，兼有西夏文；字体以楷书、隶书为主，行书数量较少，篆书极为罕见。类型以元宝为主，宝钱次之，通宝、重宝极为罕见，铜钱占绝大多数，主要出自甘肃、宁夏出土的窖藏，而铁钱则集中出土于内蒙古河套地区。

总体而言，西夏早期所铸的钱币，略显粗糙，常有薄厚不均、轮廓不规则的情况，钱文也多漫漶不清，缺乏秀美、端庄之感；崇宗年间（1085—1139），出现了部分铸造相对精美的钱币，钱文书法端庄秀美，说明这一时期西夏钱币的铸造水平有了较大的提高，为西夏中后期钱币铸造技术打下了基础。正如上文提到的，目前出土的大量西夏钱币多集中在仁宗时期，这一时期的天盛元宝、乾祐元宝、乾祐宝钱，是西夏铸币中最为精美的作品。西夏文的钱文虽然笔画繁复，但字体优美、结构紧凑且规整，汉文钱币文字多为端庄秀美的楷体，非常具有收藏价值。这一时期大量铸币的原因，与西夏当时的盛世环境有很大的关系。仁宗时期西夏王朝内外稳定，政治、经济、文化等各方面都得到了长足的发展，加之吸收了宋朝的各种先进文化，铸钱工艺得到了显著提高，最具代表性的“天盛元宝”甚至比宋钱还要精致秀丽。

目前尚未发现西夏最后两位皇帝的铸币，可能是由于这一时期西夏国力大衰，多次受到蒙古大军的进攻，政权岌岌可危，经济贸易也基本停滞，面临着亡国的威胁，统治者也无力回天，因此也就基本不见这一时期的铸币了。

西夏将本民族文字用作钱文铸币，钱币数量虽然不多，但不乏精品，是中国古代钱币史上一颗璀璨的明珠。

铭文铜弩机
见血封喉的『神臂弓』

西夏王朝拥有一系列富有特色的强大武器，『神臂弓』是其中的典型代表之一。

弩机为铜质，郭、牙、悬刀等各部件俱全。廓前窄后宽，呈燕尾形。两侧对两个圆形梢孔，弩机望山上刻有 4 个西夏文字。

西夏之所以能立国并雄踞我国西北地区近 200 年之久，与其强大的军事力量是分不开的。西夏虽然在经济上远不能与强大的宋王朝相比，但其军事力量却并不比宋朝逊色，也可与同时期的辽相敌。西夏从立国到灭亡经历了无数次战争，经验和教训促使其军事制度进一步完善，并周旋于各方势力之间。西夏王朝不仅有编制庞大、作战能力强大的军队，严格的军事管理体制，并且拥有一系列富有特色的强大武器。

西夏军队的兵种根据其装备、作战方式等差异可分为骑兵、步兵、炮

铭文铜弩机

西夏（1038—1227）
长11.4厘米，重210克
西夏陵区管理处征集自宁夏回族自治区海原县

兵、水兵以及强弩兵。其中强弩兵所使用的一种被称为“神臂弓”的弩弓，在当时是非常有杀伤力的武器。

弓箭，是一种威力大、射程远的远射兵器，在冷兵器时代，弓箭是最可怕的致命武器，也是军队、猎人所必备的武器之一，极为普遍。之后又发展成弩，弩出现于战国，盛行于秦汉，是古代远射兵器中最早的青铜机械装置。其构成包括外框部分的“郭”，钩住和放开弓弦的“牙”，作为扳机的“悬刀”及瞄准用的“望山”。用这种弩射出的箭更准确，更具穿透力。弩发明后，不断得到改进，主要体现在弓力的不断加强和弩机的改进上。据记载，当时一张弩质量为369千克，最大射程可达800米。这样的弩单靠人两臂的力量当然是拉不开的，必须由力士以坐姿用两条腿两只手合力张弩（踏张）或利用机械的力量才可拉开。

西夏人善骑射，弓箭更是他们擅长的武器，神臂弓发明之后，在西夏对外战争中起到了极强的作用。沈括的《梦溪笔谈》中记载，神臂弓大约在宋神宗熙宁年间传入宋朝，传说为李定所献，被宋人誉为“最为利器”。又有朱弁《曲洧旧闻》中记载了神臂弓的制作情形——“以厌为身，檀为弰，铁为枪膛，铜为机，麻索系扎丝为弦。”《宋史·夏国传上》记载，拓跋思忠曾一箭射中铁鹤，“射之没羽”，可见西夏神臂弓的锋利。洪迈《容斋随笔》中也有关于神臂弓的内容，他指出南宋高宗年间，抗金名将韩世忠所制造的“克敌弓”，就是仿照西夏神臂弓制造的。

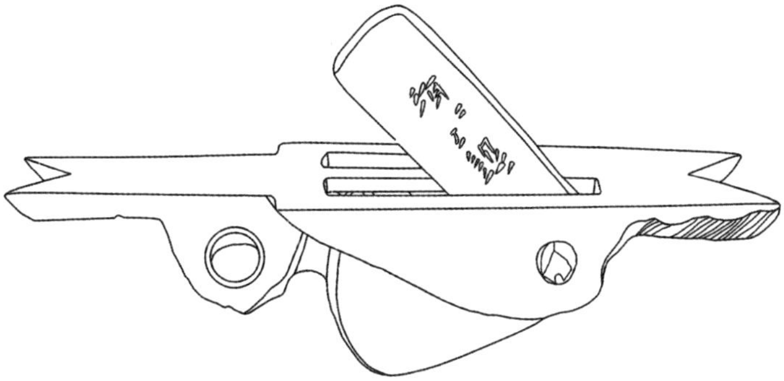

铭文铜弩机线描图

据学者们的研究，早期的西夏弩一般体积都比较小，所以杀伤力不大，后经改良，体积增大，但是又很难用手拉开。西夏人对神臂弓弩进行了一个很有创意的改革：在弩身的前端设置了一个像马镫的脚环，在拉弩弦时，可以把镫放到地上用脚蹬住，再用手拉开弩弦，这样比一手握住弩身一手拉弩弦要得力得多，神臂弓就可以做得很硬，所以就能射得更远，穿透力也强了很多。后来由投归宋朝的党项人将此弓弩引入中原后，便成为宋朝兵器中很重要的一种，被大量地加工制造并投入战争。成吉思汗在征讨西夏时，对于西夏神臂弓评价很高，同时也对制弓的好手给予特别的重视。据《元史》卷一三四《朵罗台传》记载："太祖既定西夏，括诸色人匠，小丑以业弓进，赐名怯延兀兰，命为怯怜口行营弓匠百户。"小丑是党项人，不仅他本人善于制弓，就连他的孙子阔阔出也从事神臂弓制造，常把他所造的弓献给皇帝，并受到称赞。可见西夏人的制弓传统经久不衰，他们为我国的弓弩发展作出了重要的贡献。

除神臂弓之外，文献记载中的西夏兵器还有“夏国剑”“旋风炮”等。“夏国剑”是一种可随身佩戴的西夏宝剑，在宋朝有很高的声誉。相关文献记载宋钦宗“佩夏国宝剑”，宋朝文人学士往往也以得到这样的宝剑为荣，如文学家苏轼见此剑表示“极欣赏”，并请晁补之为其作歌：“红妆拥坐花照酒，青萍拔鞘堂生风。螺旋铓锷波起脊，白蛟双挟三苍龙。试人一缕立褫魄，戏客三招森动容。”说明夏国剑不仅外表美观，且锋利无比。

1975 年西夏陵区 6 号陵的发掘中出土了一把铁剑（现藏于宁夏博物馆），长 88.2 厘米，柄宽 6.3 厘米。长条形剑刃，璧形剑格，管状柄，柄端有銎，由于锈蚀严重，只能看出大体形制，具体的细节已无法辨认，宁夏博物馆还藏有若干征集而来的直柄铁剑、环首铁刀等，可以反映出剑、刀类兵器确实在西夏武器装备中占有一席之地。另外，在西夏博物馆还藏有铜流星锤、铁矛等武器装备，充分说明西夏军队所使用武器的多样性。

西夏博物馆馆藏铜流星锤为八棱形。锤上端有系环，用来拴系绳索与锤连接，系环为铁质，为铜铁合铸兵器。作战时，持此兵器者握于一定位置用力做圆周运动，当达到一定速度后突然放开绳索，流星锤就垂直射出去击中目标，之后再利用绳索收回，是一种很难提防的武器。

除无所不利的兵器之外，西夏将兵所使用的盔甲也以坚固著称。西夏元昊所设的“铁鹞子军”是西夏军队的主要兵种，也是作战能力最强的骑

铜流星锤

西夏（1038—1227）
长4.1厘米，最宽处4.2厘米，高5厘米，孔径1.3厘米，重268克
西夏陵区管理处征集自宁夏回族自治区海原县

兵部队，军队作战时常常“以铁骑为前军，乘善马重甲，刺斫不入，用钩索绞联，虽死马上不坠，遇战则先出铁骑突阵，阵乱则冲击之，步兵挟骑以进”，充分说明铁鹞子军非常善于冲锋陷阵，与敌人进行正面交锋，其所穿的甲胄坚固无比，刀枪不能轻易伤之。在宁夏海原县西夏古城址以及西夏陵区出土了头盔和大量的甲片，其中头盔美观大方、实用性极强，甲片薄厚均匀、规整统一，制作非常精细。

西夏的兵器、装备之所以如此精良，归根结底是缘于其高超的金属冶炼技术。根据学者们的研究，西夏建国以后，金属矿藏的开采、冶炼和加工受到统治者的高度重视。据《西夏书事》以及《天盛律令》的记载，在宋康定元年，西夏“设铁冶于夏州”，还设有“京师工院”“三边工院”和“铁工院”等管理金属冶铸和制造的机构。西夏人编写的类似于今天百科全书的典籍《圣立义海》中记载：“西边宝山，淘水有金，熔石炼银、铜。”说明西夏人已经对金、银、铜、铁等矿藏有了深刻的认识，并给予了高度的重视，同时也掌握了开采、冶炼和加工的相关技术。

冶铜是西夏金属冶炼业的重要组成部分。西夏文献《文海》中有对“鍮”字的释义，即“融铜撒药是为鍮也”。说明当时的西夏人已经懂得在冶炼铜的过程中加入锌而形成“鍮”（即黄铜和锌的化合物），可见其冶铜技术已经达到了非常高的水平。目前出土的西夏铜器有铜牌、铜钱、铜刀、铜镜、铜印、铜铃、铜牛、铜甲片、铜门钉泡等，种类繁多，质量上乘。

西夏的冶铁业也十分发达。铁质兵器可以大幅提高军备力量，铁质农具对当时的农业生产也有很大的帮助，因此西夏统治者十分重视铁器生产。上文中提到的西夏文献《文海》中也有对“铁”的释义，即“此者矿也，使石熔为铁也”。通过甘肃省安西榆林窟中西夏时期的壁画内容，可以得知西夏冶铁的设备和技术水平。壁画画面上一个铁匠正在推拉竖式双扇木风箱，另有两个铁匠在铁砧上锻铁，这种竖式双扇木风箱给锻铁炉鼓风时风量较大，能够提高炉火的温度，又坚固耐用，在当时是比较先进的鼓风设备，为锻造铁质兵器和农具提供了良好的技术保证。

由于西夏铜矿较少，铁矿略多，促使西夏着手研究铁器的锻造技术，并很快就掌握了冷锻技术。据史书所载，西夏军队“甲胄皆冷锻而成，坚滑光莹，非劲弩不可入”。正因为掌握了持续高温与冷锻硬化工艺，提高了金属的柔韧性和硬度，所以西夏的兵器非常锋利，护甲坚固耐用。

石马

矫健灵动

西夏陵墓中随葬石马的现象比较常见，通常多采取卧姿，没有发现站姿的马，这种现象是比较少见的。

此石马为青白砂石质，通体圆雕，马头稍昂，颈部弯曲，颈部毛发呈自然垂状，唇部有涂彩，目视前方，双耳直立，马鬃散披至肩部，四肢呈蜷曲状，伏身静卧。线条十分清晰、流畅，刀工细腻，制作简洁却不失精美。系 1977 年西夏陵三区 78 号陪葬墓出土。

古人视马为“甲兵之本，国之大用”。我国随葬马的传统由来已久，史前诸多文化的墓葬中就常见随葬真马的现象。商周时代，马、马车都是常见的随葬品，墓主人身份地位越高，随葬的车、马数量也越多。后来逐渐以车马俑代之，如秦始皇陵的兵马俑坑和咸阳杨家湾汉墓的兵马俑，其数量、规模令人叹为观止。西汉霍去病墓前的立马、卧马和跃马是目前所

石马

西夏（1038—1227）
长66厘米，宽20厘米，高49厘米
西夏陵三区78号陪葬墓出土

石马（正面）

知陵墓前最早的石马。东汉时，随着陵墓前置石刻、石雕之风的流行，墓前置石马的现象也多起来。帝陵前置石马，有可能始于东汉光武帝的原陵。魏晋南北朝时期，无论帝陵或人臣墓，一般未见置石马者。唐代帝陵除唐高祖献陵外，均置石马，象征朝廷仪仗队伍中的仗马，仗马旁边还立有石人，充当控马官。唐陵神道设置仗马之制，为宋、明、清诸帝陵所沿袭，但历代帝陵石刻中的仗马数量、马饰和控马官则有所不同。

西夏陵墓中随葬石马的现象比较常见，说明马这种动物在西夏人的生活中处于比较重要的地位。石马并没有置于陵墓前，而是放置于墓葬的甬道之中，至于西夏陵墓的神道两侧有没有放置石马，目前还不得而知。

西夏的马在当时很有名气，常常被作为贡品献给其他国家。西夏陵中随葬的其他石雕还有石狗等。狗、马都是日常生活中与人息息相关的动物，将它们随葬在陵墓中，反映出西夏人对这两种牲畜的珍爱之情，同时也是“事死如生”思想的一种写照。

西夏陵随葬的石马大多运用圆雕、浮雕、线刻相结合的手法把动物描绘得活灵活现。通常多采取卧姿，没有发现站姿的马，这种现象是比较少见的。一般来说，其他文化的陵墓常见的随葬石马多采用站姿。

力士支座

力量与矫健的象征

西夏民族以人像为碑座是独有的，其造型和动作特征体现出西夏民族可能在受到其他文化因素影响的同时，也创造出了属于自己的艺术特征。

石雕力士志文支座（一）

支座为石质，材质是灰砂岩。支座整体略呈方形，正面雕出裸体跪坐人像，鼓目圆睁，呈怒视状，双眉的眉梢呈上挑状，牙齿呈紧咬状，并露出两颗獠牙，双乳下垂，双臂置于双膝之上，手臂上佩环，肌肉凸起，双腿呈跪坐状，臀部位于抬起的足跟之上。支座上部右后端有残损。雕刻风格显得粗犷有力，人像表情生动，给人以庄重威严之感。

石雕力士志文支座（二）

支座为石质，材质为灰砂岩。正面雕出裸体跪坐人像，面部呈浑圆状，五官扁平，双眉呈上扬状，双目圆睁，鼻梁呈三角状，鼻翼宽阔，唇部露

石雕力士志文支座（一）

西夏（1038—1227）
长69厘米，宽66厘米，高71厘米
西夏陵区3号陵出土

出两颗锋利的獠牙，胸腹袒露，双乳下垂，双膝跪于底座之上，上肢置于双膝之上，但并未刻画出双手的细节。座身两侧用简略的阴线勾勒出曲跪的双腿和足跟立起的双脚。整体风格与前一支座不太一样，造型更加简洁、圆润，缺乏细节的刻画，但面部表情仍然呈现狰狞、恫吓之感。

西夏陵共出土了 11 尊石质力士支座，用于驮负记载西夏帝王丰功伟绩的碑石。这些力士支座的造型大部分是一样的，如座身正面均为裸体力士像，都呈曲膝跪坐状，上部额肩平齐，面部丰满，双目圆睁并突出眼眶，双眉粗长，眉梢上挑，塌鼻短粗，唇角斜出獠牙，袒胸露腹，双乳斜分，手腕和手臂上会装饰一对圆环，也有造型较为简洁者，如不刻画出手指、腕部及上臂没有圆环装饰等。这些力士支座在造型上可能有略微的不同之处，但其艺术手法和艺术效果都是相同的，即用夸张的手法向人传递一种威严、恫吓之感，令人望而生畏。

有些力士支座还有刻文，如宁夏博物馆收藏的一座力士支座（出土于西夏陵区 6 号陵），背部刻有三行西夏文，分别汉译为“小虫旷负”“志文支座”“瞻行通雕写流行”，还有一行阴刻汉文“砌垒匠高世昌”。“小虫旷负”的故事应源于唐宋八大家之一的唐代文学家、散文家柳宗元的寓言小品《蝜蝂传》：“蝜蝂者，善负小虫也。行遇物，辄持取，卬其首负之。背愈重，虽困剧不止也。其背甚涩，物积因不散，卒踬仆不能起。人或怜之，为去其负。苟能行，又持取如故。又好上高，极其力不已，至坠地死。”这则寓言故事借小虫蝜蝂言事，讽刺“世之嗜取者”聚敛资财、

石雕力士志文支座（二）

西夏（1038—1227）
长74厘米，宽86厘米，高106厘米，底座高16.5厘米
西夏陵区3号陵出土

贪得无厌、至死不悟的丑恶面目和心态，将这则寓言典故用于力士支座上，应该也是要起到警示世人的作用。这些文字还将石雕工匠的名字记录了下来，同时也点出了这类器物的功能，即支座。由于这类器物都出土于碑亭，因此就可以推测出其应该是石碑的碑座，而且从支座的间距分析，它们应该是两两成组排列，两个支座之间的跨度仅能供一座石碑放置，所以说应该是两座力士支座上支撑一座石碑。

这些力士的双手或朝上呈托举状，或下拄于膝盖呈用力承压状，粗壮有力的臂膀、肌肉虬结的身躯都给人以力量感。佛教中的金刚力士像也往往如此，即上身裸体，肌肉饱满、身姿魁梧，瞪目呲牙作愤怒状。西夏力士支座与其具有相同的特征，也可以从侧面说明佛教思想对西夏民族的影响。

这些力士形象的性别也是学者们十分关注的问题。根据其下垂的双乳，有很多人认为这是女性的特征，同时推测早期西夏民族可能为母系氏族社会。也有学者并不认同这个观点，认为其似人非人，似兽非兽，似男非男，似女非女，呈现出的是一种神秘的威力。

最初的发掘者认为，力士支座的造型和装饰与当时西夏社会习俗有关，受到了西南少数民族文化习俗的影响，并列举了《册府元龟》《旧唐书》《新唐书》等文献记载。有学者认为西夏这种负物力士形象与五代十国之一的后蜀（934—965）政权的张虔钊、孙汉韶等墓葬中出土的石雕抬棺力士像极为相似，但后蜀石刻力士的形象为卷发披肩，有的戴幞头，有的盘坐等，与西夏力士的形象和姿态有差异。其他方面如构图、造型、装饰等技法均如出一辙，如五官、肚腹的雕刻，手腕、足胫的装饰，浑圆粗犷的造型等手法，都显示出西夏的石雕力士形象可能与后蜀有着某种渊源。

也有学者对比唐宋石刻作品与西夏力士支座的艺术风格，认为西夏力士支座部分地继承了唐代石刻艺术风格，如西夏力士支座的雕刻线条粗犷，用寥寥数笔生动地刻画出力士负重的形象，这种着眼于大处，重视气势与力度的雕刻手法，与唐陵石刻有着较为相似的风格；另外，西夏力士的形象也与隋唐力士形象比较相似，均赤裸上身，体格健硕，肌肉刻画得生动有力，显示出蓬勃的生命力和刚强的气势。

学者认为西夏力士支座的艺术风格之所以与唐代同类造型相近，与西夏党项民族受到唐文化的影响长达三个世纪有关，二者都具有蓬勃向上、开放大气的特点。

虽然学术界对于西夏力士支座艺术风格的来源有不同的观点，我们仍然需要认识到，这类西夏力士支座虽然在艺术风格上可能与其他文化有所相似，但仍然具有与众不同的特征。

与中原王朝通常以赑屃为碑座不同，西夏民族以人像为碑座是独有的。其面部造型及健硕的身姿可能与隋唐或后蜀力士像相似，但细节部分和动作特征却不同，体现出西夏民族在受到其他文化因素影响的同时，也创造出了属于自己的艺术特征。

灰陶鸱吻

立于高险 吞脊之势

西夏的鸱吻，受中原文化的影响而出现，同时也具有自身的特色，是我国古代建筑史上不可或缺的一部分。

此件鸱吻系灰陶质地，龙头鱼尾，分上下两部分，下部为方筒形，呈张口吞脊之势，形象威猛。双眉造型似绳索，眉梢微卷上翘，眼球突出，眼瞳呈圆孔状，眼皮则为木耳边状，斜上方有两只突出的小耳。颈部鬃毛为直立状，上颚顶突出一桥钮形兽鼻，其后两侧各有一圆孔，用于插双角。鸱身上部两侧边缘预留有一对长 4 厘米、宽 3 厘米的长方形卯孔。尾的形状似翻卷上翘的两只鱼鳍，尾的下部边缘有两个与鸱身相连接的卯孔，圆孔上方刻有“也花江”三字。器物内部为中空，器物背施鱼鳍纹，尾部施鳞纹。此件鸱吻造型生动、美观大方，非常有气势，龙首细节刻画匠心独运、工艺精湛。

灰陶鸱吻（一）

西夏（1038—1227）
高150厘米，宽95厘米，尾厚13厘米，头厚34厘米
西夏陵区3号陵出土

鸱吻是中国古代建筑中常用的一种建筑构件，是置于屋顶正脊两端的装饰构件，用以封护屋面两坡，也起装饰美化作用。它是由鸱尾逐步演化成为屋脊兽的代名词。

鸱吻，又名螭吻、鸱尾。古人认为在房脊上安两个相对的鸱吻，是除灾防火的象征。当然，鸱吻的存在也有着其实际的功能。在我国古代大型建筑物的屋顶上，正脊与两条垂脊相交会产生一个节点，此处比较容易渗水，因此需要将其进行密封、加固，鸱吻就是用来安放在此处以解决这个问题的。

鸱吻的几个不同名称中，最早的为“鸱尾”，后来逐渐演变成“鸱吻”或“螭吻”，这也反映出其造型的变化，即由“尾”变成“吻”。古代建筑物屋顶采用装饰构件的历史可追溯至汉代。从现存的汉代画像砖上可以看到建筑物屋顶正中装饰有如同凤凰羽翼的构件，从墓葬出土的明器陶楼上也可以看到屋脊两端翘起的装饰。大致到东汉末年，建筑物屋顶的装饰形象演变成了“鸱尾”，具体表现为有尾无头，尾似鱼尾，向上翘起，造型显得简洁大气。唐代以前的鸱尾实物很少，多出现在绘画、壁画中。唐代以后的鸱尾实物较多。这一时期鸱尾的体积很大，造型敦厚，立于屋脊之上给人雄伟、壮观之感。据记载，唐昭陵献殿的鸱尾高达 1.5 米。

唐代中后期，鸱尾的形象变成了折而向上，头部形似龙头，作张口状，仿佛吞噬屋脊的样子，“鸱尾”一词由此逐渐变成“鸱吻”。鸱吻的形象经历了从鱼形向龙形的转变。除了从尾到吻，鸱吻的造型也开始变得丰富

灰陶鸱吻（二）

西夏（1038—1227）
高89厘米，宽25厘米
西夏陵区6号陵出土

多样。唐朝以后，鸱吻成为宫殿正脊装饰的主要形式，且龙的形象开始显现，龙鳞、龙角、龙须都被生动地刻画出来。这一时期的一些文献中关于“鸱吻”的说法也开始增多。

到了宋代，逐渐有了“螭吻”这种称呼。螭是古代中国上古神话传说中的龙生九子之一，是一种没有角的龙，性情好险、勇猛，喜欢东张西望和吞火，是鱼和龙的混合体，因此特别适合置于屋脊以保平安，这也从侧面反映出这一时期鸱吻的形象更加偏向龙的形象。

明代以后“螭吻”的记载逐渐增多。“螭吻”造型中龙的特征更加明显，造型及纹饰也更加灵活多变。“鸱”的形象最终演变成为“龙”的形象，除“螭吻”的称呼外，还有“龙吻”“大吻”的叫法，但无论如何改变，其防火除灾的象征意义始终未变。

西夏的鸱吻，主要出土于西夏陵区 3 号、6 号陵，有绿釉琉璃和灰陶两种。出土于6号陵的绿釉琉璃鸱吻通高152厘米，底宽58厘米，厚30厘米，龙头鱼尾，身有鱼鳞，双目怒睁，张口吞脊，形象威猛神异，具有很高的艺术观赏价值，现藏于国家博物馆。3号陵出土的鸱吻大小、薄厚都有些差异，陵园正门（南门）的鸱吻虽已残损呈碎片，但均为绿色釉陶，反映出其重要的地位。

西夏的鸱吻造型，受到其他文化因素影响颇多。首先，西夏建筑采用鸱吻作为屋脊装饰，显然是受到了来自中原地区文化的影响。鸱吻作为建筑屋顶的装饰构件起源于中原地区，早在汉代就开始在大型建筑的屋顶上使用，发展和演变至西夏时期，已经有几百年的历史。西夏地处中原地区边缘，从隋唐至宋时期一直与中原政权交往频繁，接受中原地区文化的影响是多方面的，同样也体现在建筑上。西夏的鸱吻无论造型还是尺寸都明显继承了唐代遗风。当然，西夏的鸱吻也有自己的特色。据现有研究显示，与同时期的鸱吻相比，西夏的鸱吻更加突出龙头，基本占总高的一半；而辽、金鸱吻的龙头大概占总高度的三分之一左右，更注重龙尾和龙身的曲线形状。宋朝的鸱吻则更加注重头部的刻画，尾部比例缩小。以华严寺鸱吻与西夏陵的绿釉琉璃鸱吻为例，华严寺鸱吻头部雕刻更加繁复精致，其龙身宽厚直挺；而西夏绿釉琉璃鸱吻从身体曲线来说则更加灵动，身体光滑，整体显得古朴大气。

西夏的鸱吻，受中原文化的影响而出现，同时也具有自身的特色，造型精美生动、雕工细腻，是我国古代建筑史上的重要一笔。

符牌

令行禁止　规矩尽显

西夏的符牌，有银质、铜质、木质等，现今常见的符牌主要为铜牌，约三十余枚，均为传世品。

西夏文“内宿待命”铜牌

铜牌为长方铲形，上部为“凸”形，有方孔，可穿绳系挂用，底部为双联弧底边。正面刻四个西夏文字，对应译成汉字为“内宿待命”。1999年由银川西夏陵区管理处征集自宁夏回族自治区银川市，同年入藏银川西夏陵区管理处，2013 年被定为二级文物。

西夏文“内宿待命”铜牌（正面）

西夏（1038—1227）
长7.4厘米，宽4.4厘米，厚0.6厘米，重84克
西夏陵区管理处征集自宁夏回族自治区银川市

西夏文“内宿待命”铜牌（背面）

西夏文“防守待命”铜牌

铜牌为较规整的圆形，与钮组成“凸”字形，钮有方孔，用于穿绳系挂。正面刻有四个西夏文字，对应译成汉字为“防守待命”。1997 年由银川西夏陵区管理处征集自宁夏回族自治区西吉县，同年入藏银川西夏陵区管理处。

西夏的符牌，有银质、铜质、木质等，符牌的种类及使用的相关记载，见于西夏法典《天盛律令》。现今常见的符牌主要为铜牌，约三十余枚，均为传世品。经考古发掘出土的符牌以甘肃武威的“银符牌”为代表，是非常难得的一件文物。

西夏文“防守待命”铜牌

西夏（1038—1227）
长6.5厘米，直径5.2厘米，厚0.6厘米，重51克
西夏陵区管理处征集自宁夏回族自治区西吉县

西夏文“防守待命”铜牌线描图

所谓符牌，本意是指书写于木片上的信物凭证，其用法为“合”，最早是兵权及君权的象征。《史记·黄帝本纪》所记载的轩辕氏“北逐荤粥，合符釜山”里的“符”其实就是兵符，同时指出其用法为“合”，也就是说这些符牌还带有一定的防伪功能。《说文解字》称其“分而相合”，就是先将一整块符牌一分为二，使用时双方各执一半，合在一起以验真伪，现代汉语中的“符合”一词，也正源于此。符的具体解释还见于汉代刘熙所著的《释名》：“符，付也，书所敕命于上，付使传行之也。”说明符上是写有字的。汉许慎《说文解字》中的解释为“符，信也”，介绍了其功能为信物凭证。关于“牌”的解释，南朝的《玉篇》中有“牌为牓也”。

宋代《集韵》中的解释为“牓，木作，木片也”，可知牌的初意为木片。符牌最初可能是木质的，之后又逐渐衍生出铜符牌、银符牌、玉符牌等，形制也有所变化。

秦汉以后，符牌逐渐衍生出节、虎符、竹使符等门类，其“信物”的意义并无改变。苏武持节出使匈奴，所持的节就属于符牌；虎符是我们耳熟能详的一种信物，常用于下达军令、调动军队；竹使符则主要用于征兵。随着岁月的流逝，符牌渐渐与官员的身份有了交集。唐朝时，朝廷为了“明贵贱，应召命”，根据官员不同的品级发放金、银、铜制的鱼符，其中五品以上的官员还佩有专门的鱼袋。宋朝时鱼符被废除，但鱼袋的使用形式仍保留了下来。著名文豪苏东坡便曾被赐以银色鱼袋，以代表着他朝廷命官的尊贵身份。到了明清时代，符牌渐渐演变成牙牌与腰牌。明朝的牙牌上除了朝臣的姓名和官职，有时还会刻上使用范围与禁令。清朝的腰牌就更为完备，还加上编号、年龄、相貌特征、发牌年代等，在形制上和后世的身份证已经大同小异。然而，我们需要明确的一点是，古代的符牌虽然类似于今天的身份证，但并不是人人都能拥有、人人都能使用的，而是具有一定身份、地位或特定官职的人才能佩戴。因此持有符牌的人，一定是“有身份”的人。

西夏符牌的种类和功能，可以从符牌正面所刻内容清楚得知，主要分为信牌、宿卫牌、守御牌三类。西夏信牌的使用与唐、宋一致，都是君王用来传达紧急命令的信物。西夏文辞书《文海》中有记载：“迅速紧急之燃马上用，故名信牌。”《天盛律令》也将信牌分为“火急符”与“非火急符”两种，前者为敌人侵犯边境、我方发兵或缉捕叛逃者时所用，后者则是其他行政事务所用，如催促各类民事工程的修建、修缮等。

上文中所列举的两块符牌，分别是宿卫牌和守御牌。宿卫牌多为长方铲形，正面文字多为“内宿待命”字样，背面或为人名或为番号，正反两面都是西夏文，是内宿人员当值期间所佩戴的符牌。中国国家博物馆还藏有一块刻着“寝宫后门待命”的铜牌，从字面就可以看出是西夏宫廷宿卫者所持有的符牌。有关“内宿待命”的记载见于《天盛律令》，西夏宫廷中内宿当值的人员众多，涉及各个方面，如负责传达圣旨的人、医者、内外侍者、更夫、巡检等。对于内宿人员的行为也有相关的规定，如不通报不能入宫，除奉旨外禁止携带武器入宫，宿卫者禁止饮酒，禁止大声喧哗，等等。守御牌多为圆形，形制略小一些，也是西夏符牌中比较常见的一种，正面文字多为“防守待命”，背面有西夏人名，是西夏军营中守御军人所佩戴的符牌。

由于符牌是重要的凭证，因此西夏也非常重视对符牌的管理。据学者研究，西夏朝廷的符牌，均有专人看护，并藏于宫廷之中，“待命任职人等，不许自专引无职人入于内宫、官家住处、待命者当值、信牌箭置处、局分前内侍住宿处等，不许问示”；授予地方的符牌，要在登记造册之后由地方最高长官保管，“诸监军司所属印、符牌、兵符等当记之，当置监军司大人中之官大者处”。地边和畿内诸司签发符牌时，则必须坚持两个基本原则，一是非官事不发，《天盛律令》卷十三规定："诸人非以官事，因私擅自令执符者，派者当绞杀，执符者及行头字者、司吏等判断比派执符罪当减二等。"二是非急事不发，《天盛律令》规定，凡报告敌情，点集兵马，地边畿内有事奏告，唐徕、汉延等大渠水涨，催促工事，传递圣旨等，"除依法派执符以外，事大小有急者，当遣神策使军、强坐骑"，可见官府对符牌管理的严格与谨慎。

扁壶 马背民族的『水囊』

扁壶，是西夏瓷器中常见的器型，也是我国古代瓷器中比较特殊的器类。

黑釉双耳瓷扁壶

小口、窄沿下折，尖唇、细直颈、扁圆腹，置双耳于肩两侧，整体器形十分规整，显得圆润大方。壶身一面及内口沿施黑釉，另一面未施全釉、露胎，中部有环形的制作痕迹以及若干涂抹痕迹。正面腹部中央有裂缝。2013年银川西夏陵区管理处征集自宁夏回族自治区银川市，征集时即完整器，同年入藏银川西夏陵区管理处。

黑釉双耳瓷扁壶

西夏（1038—1227）
壶口口径3.4厘米，最大腹径15.4厘米，底径6.1厘米，通高7.7厘米
西夏陵区管理处征集自宁夏回族自治区银川市

褐釉双耳瓷扁壶

小口，窄沿下折，尖唇，短直颈，扁圆腹，双耳置于肩两侧，腹部两面中间部位有圈足，可以腹部为底横置壶身，整体器形规整、圆润，显得美观大方。器表及内口沿施褐釉，正面满釉，背面局部施釉、露胎。2013年银川西夏陵区管理处征集自宁夏回族自治区银川市，征集时即完整器，同年入藏银川西夏陵区管理处。

扁壶，是西夏瓷器中常见的器型，也是我国古代陶瓷器中一种比较特殊的器类，尺寸一般不是很大，模制而成，印花装饰，常见胡人、狮子等异域文化色彩的图案，多设系以穿绳携行。

扁壶虽然不是陶瓷器的主流器型，但其往往在特殊历史背景下出现，流行时间长，且具有明显的阶段性，是中外物质文化交流的历史见证。瓷扁壶的发展可分为两汉魏晋、北齐至隋、唐五代、西夏与辽金、元代、明清六期，各期扁壶间少有关联，各有源头。两汉魏晋瓷扁壶是中国传统铜、漆扁壶的延续；北朝隋代扁壶源于西方同型金属器，并在唐代华化；辽金扁壶反映契丹和女真等游牧民族的生活习惯，各成系统；元代扁壶多为新出器型；明清瓷扁壶是模仿西亚铜器的结果。不同时期的扁壶反映了不同时期的中外文化交流特点，也体现了瓷器在发展过程中不断模仿和借鉴贵金属器物的造型、装饰的工艺现象。

西夏的扁壶，是党项人出行、狩猎时携带的容器，用于盛放水或酒，适合于安放在马、骆驼背上。有一些尺寸较大的扁壶在正反两面腹部中央

褐釉双耳瓷扁壶

西夏（1038—1227）
壶口口径4.9厘米，最大腹径18.3厘米，底径7.6厘米，通高12.2厘米
西夏陵区管理处征集自宁夏回族自治区银川市

褐釉双耳瓷扁壶

都有圈足，起到放置平稳的作用。壶的两侧两耳或四系便于在牲畜背上穿绳捆绑。小型的扁壶胎体较轻，仅在背面有一凹足，双耳置于两侧。扁壶在西夏瓷窑中的生产数量很大，是西夏境外其他窑址所不常见的现象。

西夏扁壶纹饰主要有白釉剔花、黑釉剔花，也有褐釉剔花和黑褐釉素面无纹的。胎质、胎色主要受地理环境、制瓷条件、工艺技术、燃料和烧窑温度等因素的影响，其胎质以黏黄土或黏红土为原料，胎色以米黄胎、白胎、灰胎、青胎为多，釉色基本以黑白釉为主。

扁壶的使用反映出西夏畜牧业的兴盛对商业及手工业的促进性影响，畜牧的习俗也在瓷器器型中显现出来。

迦陵频伽

妙音婉转

西夏帝陵中所出的迦陵频伽作为建筑构件装饰在王陵的门阙上，代表墓主人的身份和地位。

琉璃五角花冠迦陵频伽

此件文物系陶质，通体施绿色釉，人首鸟身，头部雕刻精细，额髻上饰五角花冠，周缘饰连珠纹，头顶发髻为三分式；面相圆润，脸颊丰腴，长眉隆起，细长眼，额心有白毫，上眼睑下垂呈俯视状，高鼻，方嘴厚唇，耳垂较大，宝缯垂肩，颈部佩宝珠项圈，结授于背后；双手合十于胸前，戴无花饰的双环手镯，身后双翅呈展开状，长尾高翘；双肋及尾部有条形榫孔，用于插装双翼和长尾，双腿连爪，跪骑于贴云纹的方形基座上。基座为空心，底部和后端有开口。整件器物雕工精细，羽毛、饰物等细节均表现得美观、大方。

琉璃五角花冠迦陵频伽

西夏（1038—1227）

通高47.5厘米，宽13厘米；基座长21厘米、宽21厘米

西夏陵区3号陵出土

红陶五角花冠迦陵频伽

西夏（1038—1227）
高38.4厘米，宽11.5厘米
西夏陵区3号陵出土

灰陶迦陵频伽

西夏（1038—1227）
高45厘米，宽16厘米
西夏陵区3号陵出土

同类器物还见有红陶和灰陶质地的，姿态和造型基本一致，细节部分略有差异，如头戴五角花冠的迦陵频伽，具有平胸、额心处有白毫的特征，另一种头戴四角叶纹花冠的迦陵频伽，胸部丰满，有垂乳，额心未见有白毫。仅西夏陵区 3 号陵就出土了七十余件迦陵频伽，分别出土于角台、阙台、门址、角阙、献殿、陵塔等地。

“迦陵频伽”是佛教文化中的一种神鸟，梵语为 kalavinka，巴利语为 karavi^ka，翻译成汉语有多种名字，除“迦陵频伽”外，还见有歌罗频伽鸟、羯逻频迦鸟、迦兰频伽鸟、迦陵毗伽鸟等。据传其声音美妙动听，婉转如歌，胜于常鸟，佛经中又名美音鸟或妙音鸟。

在很多佛教经典、历史文献中都有关于迦陵频伽的记载，如唐代释慧苑著《慧苑音义》云："迦陵频伽此云妙音鸟，此鸟本出雪山，在壳中即能鸣，其音和雅，听者无厌。"元魏般若流支所译的《正法念经》中说："山谷旷野，其中多有迦陵频伽，出妙音声。如是美音，若天若人，紧那罗等无所及音，唯除如来言声。"《妙法莲华经》卷六："山川岩谷中，迦陵频伽声，命命等诸鸟，悉闻其音声。"其形象多为人首鸟身，足部为爪，背部有展开的双翼，由于其声音美妙动听、舞姿优美，所以被用来娱佛、供佛，通过其声音和舞姿来达到"法音宣流"的目的，在佛教文化中享有崇高的地位。

关于迦陵频伽的来源，曾有不同的说法，有人认为其来源于古希腊，因为希腊神话中有半人半鸟的自然女神西壬海妖；也有人认为源自印度，是古印度音乐文化与佛教文化相互影响的结果。公元前四世纪时，亚历山大率军东征，在中亚推行希腊化政策，从而使古希腊文明也进入了中亚及印度地区，而印度文化中迦陵频伽的传说也出现于公元前四世纪左右，因此也有学者认为迦陵频伽可能是古印度文化与古希腊文化在佛教文化发展中相结合的产物。

印度艺术中真正出现有翼神兽的形象，是在犍陀罗艺术兴起的时代，在建筑、绘画、雕刻中都能见到这种起到装饰作用的有翼神兽；到了贵霜时期，随着贵霜王朝（1—3 世纪）与罗马帝国贸易的往来，罗马的文化艺术元素就进入了印度地区，受此影响，佛教徒在对佛陀崇拜的同时，吸取了希腊、罗马神话中人与飞禽走兽融合的形象，与古印度的神话传说形象共同构成了印度佛教的诸多神祇。总体来说，人鸟结合的形象在世界各民族神话中都比较常见，在诸多文化的交流、融合过程中，这种形象也在不断地改变、完善，从最初只会唱歌的鸟升华为能歌善舞、能弹会奏的“人鸟”形象。

现有的研究显示，我国对迦陵频伽形象最早的描述出现于东晋郭璞注解的《山海经》：“荆山至琴鼓之山……其神，状皆鸟身而人面。”但仅见于历史文献的记载，目前发现较早刻画迦陵频伽形象的实物是北魏苟景墓的墓志盖，上面有两尊半人半鸟的迦陵频伽，二者呈双手捧物状，均着汉人衣冠，飘飘欲仙，背部生有双翼，尾呈孔雀状，双足似鹰爪。唐代佛教兴盛，迦陵频伽大量出现在各类佛教经典著作中，如《旧唐书》中就有这样的记载：“元和十年（815），遣使献僧祇僮五人、鹦鹉、频伽鸟并异种名宝。”根据佛教经典中的描述，这一时期的迦陵频伽作为佛前的乐舞供养，象征极乐世界。由于其美妙的声音，既是佛陀觉者说法的象征，也是西方净土的象征，所以常常在壁画中出现，也以线刻画的形式出现在佛教建筑、佛教用具、舍利棺或陵墓棺椁上。其中壁画中的迦陵频伽主要在敦煌莫高窟、榆林窟、洛阳龙门石窟等地。平面线刻形式的迦陵频伽则出现在法门寺地宫舍利银棺的棺盖上，陕西铜川药王山石棺座上，镇江甘露寺舍利金棺上，小雁塔门楣唐代礼佛伎乐线刻画，唐代武惠妃石椁上等。雕塑类的迦陵频伽仅见河南登封法王寺二号塔地宫中的一件。唐代的迦陵频伽往往以女性形象出现，带有花冠，身体丰腴，双翼向后伸展，刻画精细。

宋代对于迦陵频伽的记载除见于佛经外，还出现在《营造法式》中，其图像不仅以平面的形式出现在石窟寺、石塔、经幢、地宫、石椁上，还常常以建筑构件的形式装饰在宫殿、城门、皇陵及其他大型建筑物上，单纯的雕塑形式也大量出现。《营造法式》是将迦陵频伽用于建筑的最早记载，不仅将其形象绘制下来，还指出了它在建筑屋脊上的位置，并且将迦陵频伽的尺寸大小与建筑等级的关系说明清楚，“殿、阁、厅、堂、榭转角，上下用套首、嫔伽、蹲兽、滴当火珠等。四阿殿九间以上，或九脊殿十一间以上者……嫔伽高一尺六寸；四阿殿七间或九脊殿九间……嫔伽高一尺四寸；四阿殿五间，九脊殿五间至七间……嫔伽高一尺二寸；九脊殿三间或厅堂五间至三间……嫔伽高一尺”。除了在中原地区发现大量各种形式的迦陵频伽外，在辽、金、西夏、吐蕃等地区也发现了与其相关的各类遗物。宋代的迦陵频伽，与唐代时已经有所不同，外形已经从唐代的“人首鸟身鸟爪”演变为“人首人身鸟爪”，同时以立体的形式大量出现在建筑屋脊之上，其形象也作为工艺品面世，其性质已经不单纯是像以往那样用来娱佛、供养，其实用性和艺术性的特点也愈加凸显出来。

元代所见迦陵频伽的形象较少，其存在的形式仍以建筑构件为主，但形象有所变化，其人身被塑造成武士的形象，这在之前是没有见到的。明代的迦陵频伽多出现在寺庙等宗教建筑之中，未见有其他用途者，神态以写实为主，无以往那种飘逸欲飞之感。清代尚未见到与迦陵频伽相关的确切实例，建筑屋脊多为各类蹲兽和仙人形象，似乎迦陵频伽此时已经退出了历史舞台。

佛教是西夏的国教，西夏人崇佛敬佛的思想非常强烈。西夏境内塔寺林立，而迦陵频伽作为在佛教中有重要地位的代表形象，也频繁出现在西夏的陵墓建筑上。迦陵频伽形象在唐代以后常见于壁画或建筑中，但像这样出现于帝王陵寝之中，还是比较罕见的，专家学者推测，除表现出西夏统治者崇佛、敬佛的思想外，可能还带有某种特殊的含义。

西夏陵出土的迦陵频伽造型精致而富有神圣感，其制作工艺也非常考究，系将身体的各部位制成单模，然后合模至完整形体后烧制而成。资料显示，西夏的迦陵频伽头部、身躯为前后合模制成，合模后器体为中空，便于烧制，手、臂、花冠、发髻、璎珞、肩饰、腿爪等部位先制单模后再拼至完整。尾巴和双翼则是制模后插于躯体上预留的条形凹槽内。最后将躯体与器座粘合后，一件完整器物便拼合完整，可以进行烧制了。西夏王陵的迦陵频伽按照其装饰手法可分为五角花冠频伽和四角叶纹花冠频伽两种，其中五角花冠频伽有大小两种规格，大型五角花冠频伽一般在 46 厘米左右，小型的高度一般约在 40 厘米；而四角叶纹频伽尺寸都差不多，没有明显的大小之别。

西夏帝陵中所出的迦陵频伽作为建筑构件装饰在王陵的门阙上，如中原地区的皇宫、帝陵建筑上以龙、凤等瑞兽代表墓主人的身份和地位，西夏陵中的迦陵频伽也起到同样的作用。因此，有理由推测西夏人把迦陵频伽用为脊兽，其目的是为了昭告世人，安葬在这里的皇帝就是西夏的佛。迦陵频伽大量出土的 3 号陵，通常被认为是西夏开国皇帝元昊的陵墓，作为开国之君，景宗确立了西夏的国家制度，同时也确立了佛教为西夏国教。《宋史·夏国传》说他在即位之前就“晓浮图学，通蕃汉文字”，看来元昊在青年时代就接触过藏文和汉文的佛经。西夏正式建国之后，他更是亲自下令开展了大规模的佛经翻译活动，从而开创了西夏近二百年的佛教辉煌时期。

西夏建国之初应是受到佛教净土宗思想的影响，相信只要虔诚诵佛，死后可以转生至西方净土。这种思想在西夏一些文献中也有所记录，如天盛十九年（1167）仁宗时期御制的《圣佛母般若波罗蜜多心经发愿文》：“仰凭觉荫，冀锡冥资，直往净方，得生佛土，永驻不退，速证法身。又愿六庙祖宗，恒游极乐，万年社稷，永享升平。”而在佛教经典中，迦陵频伽常因其美妙的鸣叫声被喻为是佛菩萨之妙音，也有迦陵频伽即极乐净土之鸟一说。因此，我们也就可以理解西夏统治者将迦陵频伽的形象大量用于陵墓建筑中的意义。就如学者们所推测的那样，西夏的君王大概是把自己当成了阿弥陀佛在人世间的化身，在迦陵频伽美妙的歌声和舞蹈中去往了极乐净土。

剔刻花瓷器

浓墨淡彩

西夏陶器作为西夏文化的重要组成部分，是研究西夏王国政治、经济、文化及历史的宝贵实物资料。

白釉剔刻花瓷罐

圆唇，侈口，窄沿平卷，短束颈，宽圆肩，鼓腹下收，平底，暗圈足，器形较为规整。肩部刻卷草纹，纹饰简洁大方；腹部有三开光剔刻折枝牡丹花纹，以弧线及花叶纹衬托，尽显牡丹的秀丽妖娆之姿，胎底为浅褐色，与白色花朵纹饰的对比更显美感；腹下部刻卷云纹，纹饰简洁规整，通体施白釉。

白釉剔刻花瓷罐

西夏（1038—1227）
口径17.4厘米，腹径26.5厘米，底径15.5厘米，高27厘米
西夏陵区管理处征集自宁夏回族自治区银川市

褐釉剔刻花瓷瓮

直口，方唇，矮束颈，圆溜肩，长鼓腹，下腹减收，小平底，暗圈足，器形规整，整体上部曲线圆润，下部内收为小底，虽然上大下小但并无头重脚轻之感。肩部两处开光剔刻卷草纹，剔刻面积略大，卷草纹中间的刻画纹饰很细，腹部一周开光剔刻折枝牡丹花纹，牡丹亭亭玉立在中央，四角簇拥着花叶纹，纹饰布局呈现交相辉映之感，剔刻面积较大，花朵纹饰整体呈现疏朗、典雅大方的美感，辅以略显密集的弧线纹，疏密对比强烈，更突显了牡丹花的视觉冲击力。下腹部饰一道凹弦纹。外壁施褐釉到底，釉色很深，与浅色的胎底形成鲜明的对比。

褐釉剔刻花六系大瓷罐

侈口，方唇，长束颈，颈部下方有附加堆纹，溜肩，深曲腹，下腹减收，小平底，暗圈足，肩腹处有对称的六系，瓷罐整体造型充满流线的圆润美感，器形规整、精致。六系之间装饰着剔刻花叶纹，六系下至下腹部饰两组双弦纹，弦纹之间饰有开光剔刻花折枝牡丹纹，牡丹纹饰被花叶纹簇拥在中间，纹饰秀美，剔刻掉的浅色留白部分与黑色的花朵形成鲜明的对比，艺术感很强。瓷罐的下腹部饰一道凹弦纹。外壁施褐釉到底，整体釉色较深。

西夏有发达的制瓷业，除少量王公贵族所用的高级瓷器依靠进口外，其他大部分瓷器均为自己烧制。西夏瓷器作为西夏文化的重要组成部分，

褐釉剔刻花瓷瓮

西夏（1038—1227）
口径12.5厘米，腹径27厘米，底径13.5厘米，高45厘米
西夏陵区管理处征集，具体地点不明

褐釉剔刻花六系大瓷罐

西夏（1038—1227）
口径13厘米，腹径34厘米，底径14厘米，高60厘米
西夏陵区管理处征集，具体地点不明

是在党项民族文化习俗的基础上，结合中原磁州窑系的部分因素，逐步发展起来的极具特色的新瓷种，是研究西夏王国政治、经济、文化及历史的宝贵实物资料。

国内目前发现的西夏古窑址主要集中在宁夏回族自治区灵武市宁东镇以及甘肃省武威市的塔儿湾等地。灵武市宁东镇灵武窑址位于灵武市东的一个小沙丘上。据研究，灵武窑烧瓷年代始于西夏中期，历金代而终于元代。它是至今发现规模最大、最著名的西夏窑址，也是宁夏延续时间最长且经正式考古发掘的制瓷作坊。该窑址的考古发掘及大量实物的出土，不仅确立了西夏瓷器在中国瓷器史上的地位，也填补了西夏手工业的空白，更为我们解读西夏王国提供了重要的实物资料。另一处重要的窑址——回民巷瓷窑址，距灵武窑东北约两千米，清理出窑炉两座，发掘文物两千余件，是继灵武窑之后，西夏瓷器考古的又一重大收获。

目前所见的西夏瓷器种类很多，以釉色可分为白釉、青釉、黑釉、褐釉、茶叶末釉、紫釉等；以装饰手法可分为素釉、刻釉、剔刻釉、印花、点彩和雕塑等。西夏瓷器以褐、青、白、黑釉为多，而以褐釉和白釉剔刻花瓷最具特色。装饰花纹有几何纹、动物纹、花卉纹，以花卉纹居多。在花卉纹中以牡丹花纹为主，还有莲、菊、梅、石榴等民众喜爱的花纹，古朴而又不失华丽。主要以生活用具为主，器型主要包括壶、钵、豆、灯、釜、盖、缸、罐、碗、盘、碟、盆、瓶、瓮、杯、炉等。然而西夏的瓷器大多数胎质不够细腻，器形也略显单调，其工艺水平与宋瓷相比仍有一定的差距。

西夏烧制瓷器的方法有很多，主要有砂圈叠烧法、支圈正烧法、垫条扣烧法、顶碗覆烧法等。尤其是顶碗覆烧法，减轻了胎体厚重的缺点，增加了装烧量，是当时比较先进的烧瓷技术。具体的做法是使用一个上口小、下口大的喇叭形顶碗或顶盘为窑具，在碗、盘的坯体施釉后，在内底刮掉一圈釉，然后倒扣在顶碗上，依次倒扣十余件，最后罩以开底式桶状匣钵，这种覆烧法优于砂圈叠烧法。当时的宋、金瓷窑普遍使用这种方法。

所谓剔刻花瓷，分为刻釉、剔刻釉、刻化妆土和剔刻化妆土四种。刻釉和剔刻釉均先在器物胎体上施釉，待其稍干后，前者是在釉上刻画纹饰，后者是剔刻掉部分釉层而形成纹饰，无论是刻画还是剔刻掉部分釉层，都要露出下面的胎体。剔刻釉技法用于黑釉、褐釉、茶叶末釉的器物上，形成釉色与胎底的鲜明对比，这样一来突出了纹饰，艺术效果明显加强。刻化妆土是在胎体上施化妆土，阴干后在化妆土上刻出花纹，再施以透明釉。烧成后刻掉化妆土部分，由于胎色较暗而呈浅青色，其余为白色。刻化妆土瓷就是白底上呈现出青色纹饰，有一种清秀的美感。这里有必要强调化妆土的概念，这是西夏瓷器装饰技法中广泛使用的手法。所谓化妆土，就是在胎体上涂一种白色浆料，待其干后再施以透明釉，一般白釉瓷均使用这种方法，可以增加成品瓷器的白度。剔刻化妆土是在施有化妆土的胎体上，用刀刻掉部分化妆土，使之形成主题纹饰，再刻画细纹饰，然后施以透明釉，烧成后剔花部分在浅青色胎底上呈现出白色花朵，刻花部分则在白底上呈现出浅青色花纹，两者结合在一起有着极佳的艺术效果。

剔刻的效果，与使用“开光”这种手法有关。所谓“开光”，是传统的装饰方法之一，是从古代房屋窗户的形式演变而来。为了使器物突出某一形象，往往在器物某一部分预留出某一形态的空间，如扇形、蕉叶形、菱形、心形、桃形、圆形等，然后在这一空间内部饰以某种花纹，称为“开光”。这种手法不仅常见于瓷器，也经常用在景泰蓝、雕漆等工艺中。

瓷器上采用“开光”构图法进行装饰的方法始于唐代。宋代磁州窑系的白釉黑花和剔刻花产品亦多用之，尤以瓷枕为甚。在宁夏灵武窑第一、二期，即西夏中晚期的剔刻花扁壶、经瓶、瓮、盆、碗、钵等器物，绝大部分采用“开光”构图，并形成主题纹饰，这是其他窑口所少见的。西夏剔刻花在“开光”部分外还刻画密集的线纹和花叶纹作为地纹，将“开光”部分的主题纹饰衬托得更加突出，剔刻花构图主次分明、疏密得当，体现出西夏瓷纹饰典雅高洁的艺术特色。

西夏瓷器的纹饰以各种姿态典雅、造型生动的植物花卉最具特色。这些花卉主要有莲花、梅花、菊花等，其中最引人注目的是牡丹花。据统计，牡丹花占整个西夏瓷器花卉纹饰的 80% 以上，在经瓶、罐、瓮、扁壶等器物上常常剔刻牡丹花的图案。自古以来，牡丹花就是富贵、祥瑞的象征，其雍容华贵、富丽多姿的倩影深受西夏民族的喜爱。西夏瓷器上的牡丹纹饰，姿态各异，往往位于整幅构图的中心位置，亭亭玉立，被其他花草图案所簇拥围绕，尽显“花中之王”的地位，也体现了牡丹花在西夏文化中留下的雍容华贵之姿。

官印

权力行使于方印之下

官印之上不刻印主的官职名称，而是篆刻其族帐世袭首领身份，说明西夏在借鉴宋制的同时，仍保留了本民族的特征。

西夏文天盛三年首领印

铜质，印面为方形，有方柱形矮穿孔圆形钮，钮高2.3厘米，长1.9厘米，宽1.4厘米，孔径为0.4厘米。印文阴刻西夏文篆文两字，汉文译为“首领”二字，钮的两侧阴刻西夏文款，右侧为“天盛三年”四字，左侧为“自守正月吉”五字。“天盛”是西夏王朝第五位皇帝仁宗仁孝的年号（1149—1170），“天盛三年”即公元1151年。

西夏文天盛三年首领印（正面）

西夏（1038—1227）
长5.5厘米，宽5.2厘米，高3.5厘米，重212克
西夏陵区管理处征集自宁夏回族自治区同心县

西夏文首领印

铜质，印面为方形，钮为方柱形，高 2.2 厘米。印文阴刻西夏文篆书，汉字译为“首领”二字，钮的两侧有阴刻的西夏文款，钮顶阴刻西夏文一字，汉意为“上”。

西夏文首领印（正面）

西夏（1038—1227）
边长5厘米，高3.5厘米，重246克
西夏陵区管理处征集自宁夏回族自治区银川市

西夏文首领印（背面）

官印是古代印玺的一种，是封建社会各级行政机构、长官行使权力的凭证。我国古代使用官印，可追溯至战国时期，到秦代立国之后，官印的制作和使用有了统一的规范制度，并一直沿袭至今日。明清时期对于古代官印的著录与研究逐渐兴起，并在清代盛极一时。目前所见最早著录西夏官印的是清末鲍康《观古阁丛稿》和吴云《二百兰亭斋古铜印存》，但仅仅是记录，并没有识别出其年代。最早鉴别出西夏官印并对其进行研究的是罗振玉、罗福苌父子。二人所著的《隋唐以来官印集存》和《西夏国书略说》中收录了若干西夏官印。罗振玉的《西夏官印集存》一书，是较早关于西夏官印的专著。其中收录西夏官印 33 方。同时期，另有王静如等学者的著作也对西夏官印有著录和研究。

20 世纪 50 年代以来，相关机构又陆续有新的发现，尤其是在西夏故地，如宁夏同心、固原、盐池，甘肃的张掖、庆阳、静宁、兰州、民乐，陕西横山、榆林以及内蒙古的伊克昭盟、准格尔旗、包头等地，初步统计应超过一百五十余方。其中，最早的是崇宗天佑民安六年（1095）的“首领”二字印；最晚的是桓宗天庆八年（1201）的“首领”二字印。

西夏官印的印文正如上述两方铜印，常见汉译为“首领”的西夏篆文，然后在印的背面左右两侧分别阴刻年款和人名。许多印钮的钮面上也刻有一个行书字体的西夏文字，汉译为“上”或“高”。官印正面的印文字体被称为九叠篆，其特征是笔画极为曲折褶叠，显得非常复杂，与西夏碑刻上的篆字在技法和风格上迥然不同。印章上的九叠篆书以方笔居多，笔画刻至印章四角处，能随印的自然角度而灵活变化，达到了既方正遒劲，又自然天成的境地，足见其笔法和刀工功力的深厚。

据西夏文献《天盛律令》记载："诸司行文字时，司印、官印等纯金、纯银及铜镀银、铜等四种，依司位、官品等，分别明其高下，依以下所定为之。"由此可见，根据官职高低不同，西夏司印、官印的质地、轻重、大小是有严格区别的。《天盛律令》中将印分为司印和官印两类，二者的区别似乎在于——司印相当于现在的公章，而官印相当于官员个人的印章，但其使用时又不全是个人的行为，而代表着一定的权力和地位，与现在的私章是有很大差别的。

从质地上看，西夏的官印根据所有者职位、地位的不同分为纯银、铜镀银和铜质三种，重量也因此有所不同，职位、地位越高者越重，反之则轻。官印的重量在 9 两（西夏计量单位）至 25 两之间，尺寸大小也随之不同。

从目前发现的官印来看，印文中多有"首领"二字。汉文史料对西夏"首领"的称谓有大首领、首领、小首领、正首领、副首领等几种，从而可以得知"首领"并非西夏官职名称，而是对具有世袭身份的帐族领袖的专称，其具体官职往往不刻在官印之上。在《宋史・夏国传》中，有"追袭其统军仁多唆丁"与"杀其首领仁多唆丁"的记载，可见仁多唆丁应为党项族的帐族首领，其官职为统军。官印之上不刻其所担任的官职名称，而是篆刻其族帐世袭首领身份，说明西夏建国以后虽然借鉴、承袭了宋朝的诸多制度，但仍然保留了本民族的特征。

兽面纹瓦当

生动点缀

西夏的瓦当出土数量很多，主要有红陶、灰陶和绿釉琉璃3种，兽面纹、花卉纹制作精美，造型生动、美观，具有较高的艺术价值。

此件瓦当系灰陶质地，瓦当正面为模印的兽面纹，双目怒睁、炯炯有神，双眉上挑，两腮鼓起，额发卷曲，细节刻画得很细致，形象狰狞，极富威慑力。主体兽面纹饰外有一周连珠纹，后接筒瓦。系2000年宁夏回族自治区银川市西夏陵区3号陵出土。

瓦当，也被称为“瓦头”，是中国古代建筑的重要构件，是覆盖在建筑檐头筒瓦前端的遮挡，主要作用是防水、排水，保护木构的屋架部分，同时也起美观建筑的作用。瓦，在许慎《说文》中解释为：“瓦，土器已烧之总名，象形也。”“瓦”的本义最初是指经过烧造的陶制品的总称。文献中对当的释义为：“当，底也，瓦覆檐际者，正当众瓦之底，又节比

兽面纹瓦当

西夏（1038—1227）
直径13厘米，厚1.1厘米，筒瓦长35.7厘米，厚2.5厘米
西夏陵区3号陵出土

于檐端，瓦瓦相盾，故有当名。”由此看出，瓦当的发明与古人对陶土的使用密切相关，瓦的最初制作年代应该很早，比制砖还早，称为“瓦作”。

根据文献记载，我国早在夏代就已经开始制瓦和使用瓦了，但根据现有的考古材料，我国最早的瓦当集中发现于陕西扶风、岐山周原遗址。这些西周中晚期的瓦当多为素面半圆形瓦当，也有少部分刻画粗绳纹、细绳纹及重环纹。按形制分，瓦当有半圆形、大半圆形和圆形 3 种。西周瓦当均为半圆形；春秋战国时期仍以半圆形为主，但已出现圆形；秦汉时期，圆形瓦当开始占据主流，半圆形瓦当在东汉时期绝迹。瓦当从西周中晚期出现，到了明清时期仍然使用，历经千年沧桑，工艺、纹饰都在不断地发展、演变。

不同历史时期的瓦当纹饰，有着不同的特点。秦瓦当纹饰取材广泛，山峰之气、禽鸟鹿獾、鱼龟草虫皆有，图案写实，简明生动。汉代瓦当在工艺上达到顶峰，通过考古发现的汉代瓦当数量也十分丰富，纹饰题材有四神、翼虎、鸟兽、昆虫、植物、云纹、文字及云与字、云与动物等。出现了以瓦当心乳钉分隔画面的布局形式。带字瓦当是这一时期瓦当纹饰的特点，从 1 个字至 12 个字不等，内容有吉祥语如“长乐未央”“长生未央”“与天无极”等，也有标明建筑物名称与用途的。魏晋南北朝时期的瓦当当面较小，这一时期由于崇尚自然和佛教文化，纹饰以莲花纹、卷云纹为主，文字瓦当锐减，但兽面纹瓦当数量也不少。隋唐时期出现了琉璃瓦当，纹饰主要以饕餮纹和莲花纹为主，文字瓦当几乎不见。唐代以后，莲花纹瓦当逐渐式微。程式化的兽面纹、龙纹、花草纹等具象纹饰继续出现在宋、元、明、清的瓦当当面上，此时瓦当的纹饰蕴藏的内在含义已经转化为纯粹的装饰性。

西夏的瓦当主要出土于西夏陵区（1、3、4、6、7号陵）、灵武市宁东镇灵武窑址、永宁县三关口和闽宁镇的西夏墓地、平罗县大水沟遗址、贺兰县宏佛塔等地。西夏瓦当主要有红陶、灰陶和绿釉琉璃3种，瓦当当面为圆形，直径约13厘米，后面接圆形或半圆形的筒瓦。

西夏瓦当的纹饰以兽面纹为主，同时发现有花卉图案的纹饰，主要为莲花、菊花和牡丹。上文提到兽面纹在魏晋南北朝时期出现，在隋唐之后开始盛行，也是我国瓦当艺术中经典的纹饰。有学者认为，西夏瓦当上的兽面纹与唐墓出土塔型罐上的兽面较为相似，兽面的形象通常被认为可能是狮子或老虎等猛兽，可以驱邪逐疫。西夏的绿釉琉璃瓦当也很有特色，釉色鲜亮，十分美观，这种琉璃瓦当通常用于等级比较高的建筑物。

西夏的花卉纹饰瓦当也十分精美，莲花、牡丹在西夏都是比较受欢迎的纹饰，前文提到过，在西夏的瓷器、方砖等器物上莲花纹和牡丹纹都是比较常见的，经常作为图案构图的主题纹饰。莲花纹饰在中原地区也比较常见，自佛教传入后，莲花纹饰从魏晋时期就逐渐被人们所接受。菊花纹瓦当是宋代新出现的纹饰，菊花向来被古人看作是“孤洁”的象征，文人雅士多吟咏其品格，而西夏陵区出现了菊花纹瓦当，反映出中原地区文化的影响。

瓷蒺藜 威力无穷

瓷蒺藜是西夏发明的一种如同今天的『手榴弹』或『地雷』一样的武器。使用的时候点燃火线引爆瓷刺后射向四面八方，杀伤力非常强大。

黑釉瓷蒺藜

大致为圆球状，器表布满尖刺，底部有一小孔，通体施黑釉。

褐釉瓷蒺藜

大致为圆球状，器表布满尖刺，施褐釉，内壁露出底胎，底部有残损的小洞。

瓷蒺藜，是西夏发明的一种如同今天的“手榴弹”或“地雷”一样的武器。这种只有拳头般大小的圆球形瓷体表面几乎全部呈钉状，中间是空的，底部有一小孔，可以用来填充火药和引线，使用的时候点燃火线引爆

黑釉瓷蒺藜

西夏（1038—1227）
直径15厘米，高13.2厘米
系捐赠

褐釉瓷蒺藜

西夏（1038—1227）
直径12.5厘米，高8.5厘米
西夏陵区管理处征集自宁夏回族自治区海原县

瓷刺后射向四面八方，杀伤力非常强大。作战的时候，西夏士兵将它抛到地上，当敌人的骑兵部队进攻时，马蹄就会踩中蒺藜，导致人仰马翻，也可以作为投掷性武器使用，将其引燃投掷到敌阵中，杀伤力非常惊人。瓷蒺藜的发明和出现，说明了当时的西夏军队，在武器装备方面已经达到相当高的水平，因此可以在很长一段时期内与辽、金、宋对峙。传说元太祖成吉思汗曾多次征讨西夏无功而返，最后一次更是直接被炸裂的瓷蒺藜掀下马，不久便因病而逝。虽然瓷蒺藜一定程度上直接导致了后来蒙古大军对西夏民族和西夏文化的灭绝性毁灭，但它的威力也可见一斑，因此在军事史上留下了浓重的一笔。

蒺藜原本为一种长有利刺的植物，后来其独特的、具有威慑力的形状被用于制作兵器，出现了铁蒺藜。铁蒺藜中间有孔，可用绳索串起，用来阻碍敌军士兵或马匹的行进，在战场上被普遍使用。瓷蒺藜的外表与铁蒺藜相似，但其使用方法与当时已经在战场上出现的陶弹（填装火药的陶罐，可引燃投掷）相似。

莲花纹方砖

秀美端庄

在西夏文化中，莲花纹不仅是佛教信仰的产物，也是身份、地位的象征。

此方砖的质地为灰陶，方形，正面有模印的莲花纹，图案中心为一莲蓬，被莲花花瓣簇拥其中，其四方至方砖四角各有一组荷叶与各方正中的莲瓣相接。主体图案外的四周有凸棱状边框，上缀连珠纹，花纹纹理清晰、造型端庄秀雅，装饰性和艺术感都很强，大方美观，唯一角残损。该方砖系 1987 年西夏陵区 3 号陵出土。

莲花纹是我国古代重要的传统纹饰之一，多装饰在器物和建筑构件上，如瓷器、金银器等常用器皿，以及砖、瓦当、滴水等建筑构件。莲花纹在我国古代的兴起与佛教的传入有密切的关系。自南北朝起开始流行，之后经过历代的传承与发展，创造出丰富多样、富于变化的装饰图案与纹样，

莲花纹方砖

西夏（1038—1227）
边长29.3厘米，厚6.5厘米
西夏陵区3号陵出土

直到今天依然影响着现代装饰艺术。

莲花，是中国传统花卉，备受世人的推崇与喜爱，文人墨客尤为看重其“出淤泥而不染，濯清涟而不妖”的高雅品性，多有诗文歌赋以及艺术作品的赞颂。《尔雅》中有“荷，芙渠……其实莲”的记载。莲花古名芙渠或芙蓉，现称荷花，盛开时花朵较大，观赏性极强，早在春秋战国时就用作饰纹装饰各类器物。自佛教传入我国，莲花就作为佛教标志传播开来，有着“花开见佛性”的美称，代表“净土”，象征“纯洁”，寓意“吉祥”。莲花因此在佛教艺术中成了主要装饰题材，尤其在南北朝时期，随着佛教的广泛传播，莲花纹饰在石刻、瓷器、铜镜和各类彩绘上到处可见。其表现形式多样，变化众多。

在西夏文化中，莲花也是备受推崇的，如前文所提到的西夏瓷器，就以牡丹、莲花纹为主要的装饰纹饰。在西夏建筑构件中也往往能看到莲花的身影，如上述的方砖，以及瓦当、滴水、器座、柱础等，极为常见。学者们普遍认为西夏文明受唐宋文化的影响颇深，西夏陵中出土的大量莲花纹砖，与唐代的花纹砖有着极其相似的风格。当然，西夏人信仰佛教，作为佛教标志的莲花纹在西夏文化中处处可见也就不难理解了。

目前发现的莲花纹方砖，其纹饰可以分为五种：第一种即上文所举的实例，主体图案为八瓣复莲，中心为莲蓬，复莲四方各伸出一支荷叶，四角各有一朵莲花，一对盛开，另一对花瓣重叠，呈尚未完全开放的状态，四角边框装饰连珠纹；第二种是中心为叠层四瓣复莲，花瓣短肥，中心为莲蓬，花瓣下有四个藕枝弯曲伸向四角，托出四朵荷叶相衬的花蕾，一组盛开，一组未开；第三种是中心为八瓣复莲，四方各有一组长荷叶，四角各有一朵初绽的莲花，四周边框装饰为连珠纹；第四种纹饰分中心、四边和四角三部分，中心为水波纹衬八瓣复莲，四周边框为连珠纹，内有三朵莲花，其中小八瓣复莲居中，两侧各伸出一朵盛开的莲花，四角各有一飞舞的蜜蜂；第五种纹饰同样分为三部分，中心为水波纹衬八瓣复莲纹，四周边框内填龟背纹，四角各有一朵含苞待放的莲花。可以看出，西夏人对莲花纹饰的设计非常精巧、匠心独运，充分利用各种纹饰的特点加以点缀和装饰，非常讲究纹饰的设计感。

有学者认为，在西夏文化中，莲花纹不仅是佛教信仰的产物，也是身份、地位的象征。据文献记载，西夏天盛年间出现了这样的规定："佛殿、寺庙之建筑可与皇宫建筑材料之质地、颜色、规格相同，其他官民不得使用装饰莲花图案。"我们今天所发现的莲花纹建筑构件，基本上均出土于西夏帝陵、佛塔、寺庙等建筑遗迹，也充分说明莲花纹样的装饰只能用于宫殿、佛塔、寺庙级别的建筑，是皇权、等级地位以及宗教信仰的体现，因此民间建筑中没有莲花纹饰的构件。

西夏建筑中的砖有方形和长条形两种，纹饰除莲花纹之外，还有忍冬纹、菱格内填花草纹、棋盘格纹、卷草纹、龟背纹、石榴纹、绳纹、云纹等，还有一些特殊的如压印的手掌纹、带有戳印痕迹的等等，非常有特点。西夏的方砖、长条砖以灰陶为主，也有上面施加墨绿色釉的。

绿釉琉璃摩羯

造型奇特

摩羯形象作为建筑屋顶的装饰物——"蹲兽"出现，可以说是仅在西夏文化中出现的现象。

此件摩羯系陶制，其造型为龙首鱼身，鱼身比较平直。姿态为引颈翘首，张口衔珠，上唇向上翘卷，额顶有分叉式的犄角，遍体饰鱼鳞纹，背部有双翼呈展开状，鱼尾分叉，腹下接一柱状支柄用来连接筒瓦座，为屋脊装饰。整体造型创意十足，简洁大方却不失美感，充满意趣。器物表面施有绿色釉，釉层虽然浓厚，但整体施釉不均，系 2001 年宁夏回族自治区银川市西夏陵区 3 号陵出土。

这种类型的器物最早是 1986 年在西夏陵区北部建筑遗址中最先发现的，只有一件，当时根据其造型特征定名为"龙首鱼"；后来在 3 号陵的建筑遗迹中又出土多件，学者专家经过反复研究和斟酌，最终将其定名为"摩羯"。

绿釉琉璃摩羯

西夏（1038—1227）
高20.5厘米，长38厘米
西夏陵区3号陵出土

什么是摩羯呢？这个词来源于佛教经典梵语的音译，其形象为印度神话中一种长鼻利齿、鱼身鱼尾的动物，是印度神话传说中的河水之精、生命之本，是大海中鱼中之王，在海里可以兴风作浪，吞没船只，也有吞噬一切烦恼的法力，在佛教世界“香水海”中为佛祛恶护法。梵文称makara，汉译作摩羯、摩竭、摩伽罗等，它的形象可能来源于鲸、象、鱼、鳄等动物。

摩羯形象大致于公元4世纪末的东晋时期，与佛经一起传入中国。大藏经《一切经音义》卷四十记载：“摩羯者，梵语也。海中大鱼，吞噬一切。”《洛阳迦蓝记》记载有如来作摩羯大鱼，从河而出，十二年以肉济人处，起塔为记。传说摩羯以肉济人达十二年之久，所以以摩羯为纹饰做成金银器或玉器表达了人们希望借此可以得到佛的恩惠和保护的愿望。我国以往发现的带有摩羯纹饰的器物主要有银碗、玉饰、瓷器等，将其形象作为建筑构件的仅以西夏陵建筑为代表。

据学者的研究，摩羯纹饰在古代印度雕塑和绘画中经常出现，如阿富汗的伯格拉姆遗址出土的贵霜时代遗物和中亚撒马尔罕的片治肯特粟特人遗址中，就有摩羯纹出现。隋唐以后，随着佛教在当时社会的盛行，摩羯纹也随之流行起来。例如，隋代李和墓的石棺盖就以摩羯纹作为装饰，唐代以后其应用更加广泛，成为金银器上应用较多的装饰纹样。据《中国纹样词典》记载，唐代典型的摩羯纹样形状为长鼻上卷，鼻下两卷须，口大张，獠牙外露，长舌，眼圆睁，眼后螺旋羊角绕一小牛耳，头顶至颈竖粗状鬃毛，鱼身鱼尾，与古代印度的摩羯纹极为相似，反映出这一时期我国对外来纹饰的接纳。逐渐的，摩羯纹的形象也在我国发生了改变，到中晚唐时期，摩羯造型中出现了翅膀，《文物丛谈·摩羯灯》中解释："印度和中亚的摩羯鱼本无翅膀，唐代的作品起初也没有。中晚唐时，在金银器上锤揲出的摩羯鱼被添上了翅膀……辽、宋文物中的摩羯鱼也是这样。"说明带有双翅的摩羯造型并非来源于古印度或中亚地区。

宋代随着佛教的世俗化和本土化，摩羯纹开始融入了我国传统文化中"龙"和"鲤鱼"的造型，使外来的摩羯造型与当时民众所熟悉的文化因素有机地结合在一起，更利于推广和流行。这种融入了龙首特征的摩羯纹饰在当时又被称为"鱼龙纹"，成为人尽皆知的祥瑞图案。宋代摩羯纹在瓷器上见到的比较多。现有资料显示，耀州窑青瓷碗内装饰的摩羯纹，尽管表现为长长的鼻子，有鱼身和鱼尾，但其头部明显有角，并且鱼体有足，其形象已接近于中国传统文化中的龙。越窑青瓷中有一件有特色的摩羯纹粉盒，盒盖面饰摩羯戏珠纹，底为汹涌的海水，两摩羯相对分布，中有一珠，摩羯头似面目狰狞的龙头，大嘴张开，身体粗壮，浑身饰鱼鳞纹，鱼尾宽阔，整个摩羯纹样刻画非常细腻，活泼灵动，栩栩如生。这种构图也是比较典型的中国传统双龙纹样。宋代金银器中的摩羯纹饰也很精美，造型生动、设计精巧，但数量并不多。

佛教虽然不是辽代最重要的宗教，但也占有一定的地位，加之受到中原地区文化的影响，契丹民族也多在自己的器物上使用摩羯纹，有的将其用作器皿表面纹饰，也有的以之为器物来造型，使摩羯纹的装饰应用范围和造型更加丰富多彩。辽代瓷器上的摩羯形象非常有创意，还出现了人首摩羯纹，如1976年出土于内蒙古自治区巴林左旗的辽代白釉人首鱼龙壶，壶身为鱼龙形，人首和鱼尾相对，人为头发梳理整齐的女童，颈有装饰，胸前有一龙首为流，双臂捧胸抱住龙首，双目凝视且神态娴静；圈足两侧塑有龙爪，腹部塑有鱼鳞和翅膀，背上壶口做莲瓣形，鱼尾上翘；人首脑后与鱼尾之间相连的曲柄为提梁，造型奇特，构思非常巧妙。另一件著名的辽代三彩釉龙鱼形注壶是摩羯飞鱼造型，摩羯昂头翘尾、圆睛突出，跟其他鱼龙壶接近，但翅膀向上扇起，锯齿状背鳍直立，似有奋飞之意，颈部须毛明显，身上布满鱼鳞，卧于莲花座上，造型生动可爱。辽代金银器中也有不少摩羯纹饰或造型，设计精巧、造型生动优美，艺术价值很高。这些流传至今的文物精品都说明摩羯纹饰深受契丹民族的喜爱，在辽代一度非常流行。

金代的摩羯纹主要借鉴了中原地区文化，也为鱼龙造型，多用于日常生活中的铜镜背面装饰，如甘肃临洮出土的圆形双摩羯镜，两摩羯围绕镜钮作喜相逢式构图，身体是明显的龙头鲤鱼，前鳍为两只伸展的翅膀，无脊鳍和后鳍，尾部卷曲而粗壮有力，镜背布满整齐细密的水波纹，造型颇为奔放粗犷。金代的摩羯纹装饰和造型都突显了豪迈奔放的艺术风格。

西夏的摩羯形象，与上述几种文化有一些差异，并不常见于日常生活用具，如瓷器、金银器、铜器（主要为铜镜）、玉饰品等，而是作为建筑屋顶的装饰物“蹲兽”出现，这可以说是仅在西夏文化中出现的现象。西夏王朝崇尚佛教，不但继承和发扬了中原地区佛教文化，在中晚期也受到藏传佛教的影响，同时由于地理位置的因素，对来自中亚的回鹘艺术也兼收并蓄，同时还多少能看到来自印度、尼泊尔文化艺术的影子。因此西夏摩羯造型更偏向异域风格，有学者认为与西亚地区的格里芬形象有相似之处。

西夏的摩羯蹲兽，主要出自西夏陵区的北部建筑遗址和3号陵遗址，两者所出的器物形象上还略有不同。北部建筑遗址出土的摩羯头部龙的形象要突出一些，整体身姿呈半月形，仿佛在水中腾跃，动态十足；而3号陵所出的摩羯头部虽然也具有龙的特征，但唇部略厚且上翘，与鱼的形象比较相似，且身体平直。另外，北部建筑遗址所出的摩羯头上没有角，背部为山形鱼鳍，而3号陵所出的摩羯头上有分叉的角，背部则是展开的双翼。我们以此可以推测，西夏的建筑蹲兽摩羯，其形象、造型可能根据建筑功能的不同而有所差异。除了建筑上采用摩羯造型，在敦煌莫高窟西夏时期的石窟壁画上也见有摩羯形象。

摩羯形象在我国魏晋时期随着佛经的传入而走进人们的视野，历经不同的历史时期有着不同的特征和变化，从最初的样子逐渐融入我国传统文化中龙、鲤鱼的形象和意义，反映出佛教的本土化和世俗化。西夏的摩羯形象更是表现出党项民族受地理因素和来自各方文化因素的影响，融合了自身文化特色而呈现出的独特造型和表现形式。

宏佛塔珍贵文物

佛教艺术珍品

宏佛塔出土的文物，对于研究西夏学，西夏佛教文化、美术史，中国古代印刷史提供了系统的实物标本，具有极为重要的历史、艺术、科学研究价值。

木雕贴金观音像

佛像采用圆雕手法制成。菩萨头戴高冠，面相丰腴，柳眉细眼，五官秀丽。上身斜披彩绶，饰项圈，下身着长裙。菩萨立于束腰须弥座上，通体施红色，表面贴金。系 1990 年出土，现藏于西夏博物馆。

《四面十二臂胜乐金刚》唐卡

此幅唐卡为绢质。全图长 61.3 厘米，宽 40 厘米。四周已装裱，主体画面绘胜乐金刚及金刚亥母双身像。胜乐金刚四面十二臂，头戴五骷髅冠，肉身为蓝色，戴挂有 50 个骷髅的项链，腰围虎皮裙，戴有项圈、臂钏、腕钏，

木雕贴金观音像

西夏（1038—1227）
高24.4厘米，宽6厘米
宁夏回族自治区贺兰县宏佛塔出土

背部有光辉；胸前双手各持金刚铃与金刚杵，作金刚吽迦罗印，拥抱明妃；上端双手持象皮，其余左手持骷髅碗、罥索、梵天头和骷髅棒，右手持法鼓、钺斧、刀和三叉戟。画面上的金刚亥母为红色肉身，伸双臂持剥皮刀，双脚踏印度教神湿婆与明妃黑夜女神。此幅唐卡系 1990 年出土，于 2004 年入藏银川西夏陵区管理处。

《四面十二臂胜乐金刚》唐卡（局部）

《四面十二臂胜乐金刚》唐卡

西夏（1038—1227）
全图长61.3厘米，宽40厘米
宁夏回族自治区贺兰县宏佛塔出土

《炽盛光佛图》

此幅图为绢质。佛祖头饰尖螺髻，面相方圆，五官庄重慈祥，着朱红色袈裟，施说法印，坐于莲花须弥座上，身后有圆形头部光辉、背部光辉、身体周围的光辉。须弥座绘有盛开的莲花和两个扛荷的裸体童子。主尊上方绘有祥云、黄道十二宫和星宿图。星宿图样已模糊不清，每朵祥云内绘有 7 尊人物立像，头上戴冠，身着蓝色或红色长衫，双手执笏板于胸前。主尊左右两侧与下部绘有金星、木星、火星、土星、日、月、罗睺、计都、月孛、紫炁星官，分别立于祥云之上，祥云还连接着彩虹。有 4 尊武士形象，均长发后扬，凸眉怒目，手持法器，形象威武；图画上的星官皆有头光。画面右下角还绘有一小和尚、一老翁和一辆牛车；左下角绘有两个和尚，其中一位结跏趺坐，一位直立，均身着交领袈裟。此幅绢画系 1990 年出土，于 2004 年入藏银川西夏陵区管理处。

《炽盛光佛图》图轴（局部）

《炽盛光佛图》图轴

西夏（1038—1227）
全图长139厘米，宽80厘米
宁夏回族自治区贺兰县宏佛塔出土

《玄武大帝图》

此幅图为绢质。画面上主尊为玄武大帝，披发搭肩，身穿黑色铠甲，腰束宽带，右手持剑，席地而坐，头后有圆形头部光辉。玄武大帝两侧侍立着持黑旗、剑鞘等文臣与侍女共 12 人。其中文臣头上戴冠，身着宋朝官服，腰间有束带，或持黑色大旗，或握剑，或拿纸扎；侍女发髻高耸，身着红色交领长裙，或呈端盘姿态，或呈捧物姿态。此幅绢画系 1990 年出土，于 2004 年入藏银川西夏陵区管理处。

《玄武大帝图》图轴（局部）

《玄武大帝图》图轴

西夏（1038—1227）
全图长87厘米，宽57厘米
宁夏回族自治区贺兰县宏佛塔出土

彩绘泥塑罗汉坐像

塑像头为圆顶，面相圆润，双目前视，稍带笑意，结跏趺坐，双臂下垂放至腿部。身着袈裟，用朱、黑两色绘几何图案，图案内填以团花，团花多模糊不清，仅存轮廓。袈裟外还罩有披肩，罗汉像腹内原藏西夏文经卷，已成灰烬，双手残缺。此罗汉像系 1990 年出土，同年入藏银川西夏陵区管理处。

彩绘泥塑罗汉坐像

西夏（1038—1227）
通高62.3厘米，宽38.5厘米
宁夏回族自治区贺兰县宏佛塔出土

彩绘泥塑佛头像

西夏（1038—1227）
高31厘米，宽25厘米
宁夏回族自治区贺兰县宏佛塔出土

彩绘泥塑佛头像

佛头像，呈中空状。头顶布满螺发，中间有一肉髻。面相方颐，深目高鼻，眉间有白毫；眼珠为用黑色釉料特制而成，眼睑黑色泪痕系高温下釉料溢出所致；双唇闭合，唇上墨线绘八字胡。面部妆涂白粉，目前已有部分脱落。此佛面部表情端庄肃穆，造型秀雅，系 1990 年出土，同年入藏银川西夏陵区管理处。

彩绘泥塑佛面像

此佛面像面部方圆，隆眉细目，眉间有白毫，双眼细长，眼珠黑亮，直鼻大嘴。唇上用墨线绘八字胡，下颌墨线绘日月云状纹饰，大部分已剥落。面部妆涂白粉，也已经大部分脱落，下颔有残损，佛面像整体丰满圆润，表情呈微笑状，端庄肃穆。系 1990 年出土，同年入藏银川西夏陵区管理处。

佛教在西夏占有重要的地位。由于统治者大力提倡佛教，使其成为西夏最主要的宗教。学者们普遍认为，佛教之所以能在西夏广泛地流行，有如下几个原因：首先，西夏王国所处的地理位置——河西走廊，是西域进入中原的通道。自魏晋至隋唐，佛教在这一地区已流行了六百余年，有广泛且深远的影响，对迁到这一地区来的党项族来说，周围的民族多已信仰佛教，党项族不可避免地受到了影响，在潜移默化中就逐渐接受了佛教思想。其次，在自 7 世纪中期以后长达 200 余年的时间里，长途跋涉的迁徙，战乱频发、社会动荡不安的大环境使党项人生活艰苦、不安，他们渴望安定、美好的生活，而佛教关于人生、因果报应以及轮回、往生极乐世界的思想，给了党项人极大的精神慰藉，这也是他们能很快接受佛教的原因之一。第三，西夏统治者率先接受佛教，并推动其迅速发展，有着更为实际的作用，他们利用手中优越的政治、经济条件，大力提倡佛教，借助佛门大力宣扬忍耐，佛教被当作精神统治的重要手段之一，用来维护贵族的统治以及社会的安定。

现有研究显示，西夏最早的佛事活动记载是在宋景德四年（1007）。

彩绘泥塑佛面像

西夏（1038—1227）
长22厘米，宽18.8厘米
宁夏回族自治区贺兰县宏佛塔出土

当时党项族首领、夏州节度使、西平王德明的母亲下葬时，德明要求到宋朝北部佛教中心五台山修供十寺（唐以后的五台山有十所大寺），并派致祭使护送供物到五台山，可见当时佛教已成为党项王室的重要信仰了。后来在宋天圣八年（1030），德明派使臣去宋朝，献马七十匹，乞求宋朝赐佛经一藏，宋朝答应了请求，这是西夏第一次向宋求赐佛经。

西夏开国皇帝元昊自身通晓佛学，对佛教在西夏的传播和发展起到了重要的推动作用。他于宋景祐元年（1034）又向宋朝求赐佛经，并于宋宝元元年（1038）向宋朝提出希望派使臣到五台山供佛。西夏建国前夕，元昊广泛搜集舍利、建造舍利塔，明代《嘉靖宁夏新志》记录了《大夏国葬舍利碑铭》，铭文尾题年款为“大庆三年八月十日建”，应为西夏正式建国前两个月所立，这是目前所知西夏最早的佛教碑铭，也是西夏最早的建塔记录。值得一提的是，元昊非常重视用党项族自己的文字来翻译佛经。西夏文字创造后不久，大规模翻译佛经的事业就开始了，为佛教在西夏境内流传、发展打下了坚实的基础。

元昊时期曾下令，以每一季第一个月的朔日（初一）为“圣节”，用于官民礼佛。延祚十年（1047）又在兴庆府（今银川市）兴建高台寺。史料中有这样的记载：“于兴庆府东一十五里役民夫建高台寺及诸浮图，俱高数十丈，贮中国所赐大藏经，广延回鹘僧居之，演绎经文，易为藩字。”这段文字充分说明当时元昊所建高台寺等建筑的宏伟规模，贮藏佛经以及对翻译佛经的重视程度——请大量回鹘僧人居住在寺内翻译经文。他以统治者的身份用政令措施把佛教的地位进一步提高了。

到毅宗谅祚时期，其母后没藏氏摄政，于天祐垂圣元年（1050）开始兴建著名的承天寺及塔刹，当时的《新建承天寺瘗佛顶骨舍利碣铭》描绘了这一浩大的工事。在承天寺建成的当年（1055），西夏又派遣使臣前往宋朝，求取经书，之后也有两次求经的经历。而与此同时，西夏还向辽进贡回鹘僧人、金佛、《梵觉经》等。这是由于当时回鹘的一部分地区归西夏所有，因此回鹘僧人不仅为西夏译经，同时也被作为友好往来的“礼品”送往他国。从这些方面可以看出西夏非常重视与周边国家、政权以佛教为媒介进行交流，这也是政权之间交往、博弈的重要手段。

惠宗、崇宗时期佛教的发展也继续稳步进行着，在这期间西夏第六次向宋朝求赐经书，西夏佛教信徒也在莫高窟、榆林窟留下了作品。乾顺天佑民安四年（1093），西夏统治者又动用大量人力、物力以及财力，重修凉州感应塔和寺庙，并于第二年完工后立碑，即著名的重修护国寺感应塔碑，于清嘉庆九年（1804）被武威人、甘肃著名学者张澍所发现。护国寺感应塔碑由于发现时间最早、保存的西夏文字数量最多、记录的内容最完整，是迄今所见最大、最完整、内容最丰富、最有价值的西夏碑刻。这块石碑两面分别为汉字、西夏文碑铭，记录了凉州感应塔的始建缘由、几次重修以及祥瑞故事等内容，并且记录了西夏境内塔寺林立的盛况，颂扬佛的灵应和西夏统治者的功德。乾顺时期还在甘州修建了宏仁卧佛寺，历史文献所载的宏仁卧佛寺始建年代及缘由虽然不尽相同，但都肯定了是在乾顺时期修建。该寺规模宏大，寺内供奉的卧佛是河西地区少见的雄伟大佛。

仁宗一朝，西夏佛教的发展和影响进一步扩大。这一时期西夏文佛经的校勘、刻板印刷取得了重要收获。随着西夏刻板印刷业的发展，佛经被大量印刷并广泛流行。从现有文献记载来看，仁宗时期多次印刷佛经，且数量较大。重要的活动主要有：人庆三年（1146）刻印汉文本《妙法莲华经》；天盛十三年（1161）印施汉文本《大方广佛华严经》；天盛十九年（1167）由“太师上公领军国重事秦晋国王”作发愿文施经；天盛二十年（1168）刻印西夏文《金刚般若波罗蜜经》；乾祐十五年（1184）刻印汉文本《圣大乘胜意菩萨经》《佛说圣大乘三归依经》《佛说金轮佛顶大威德炽盛光如来罗尼经》；乾祐二十年（1189）仁孝的皇后罗氏还施放了刊本《大方广佛华严经普贤行愿品》和《金刚般若波罗蜜经》，并在大度民寺举行大法会，请宗律国师、净戒国师、大乘玄密国师等，供养施食，念佛诵咒，读藏文、西夏文、汉文佛经，散施西夏文、汉文《观弥勒菩萨上生兜率天经》十万卷，汉文《金刚普贤行愿经》《观音经》各五万卷，做各种法事，长达十昼夜，会上散发二十万卷佛经。这一系列的大型佛事活动，都反映出仁宗时期佛教发展的程度极高。

桓宗即位后，天庆二年（1195）皇太后罗氏发愿命人抄写全部的西夏文佛经。这一阶段也有私人刻经，如天庆七年（1200）仇彦忠等人印施汉文《圣六字增寿大明陀罗尼经》六百余卷。同年，西夏僧人智广、慧真编辑《密咒圆因往生集》一卷，这是后来列入汉文大藏经的西夏人著述。西夏人自己编辑的这部佛教著作，虽不过万言，但还要请西夏和西域的僧人，用汉本和梵本反复校译。

西夏晚期，政权不稳、战乱频生，社会动荡不安，西夏佛教的发展虽然受到了一定的影响，但仍然在皇室占据着重要的地位。西夏统治者在这样艰难的环境里仍然大兴佛事。光定四年（1214），神宗在内外交困、政权岌岌可危的困境中，以皇帝的名义缮写金泥字《金光明最胜王经》，采用了优质的绀色纸，以精美的金泥西夏文字书写，此件文物现存部分虽历经七百余年，色泽仍然鲜艳。

西夏佛教发展中最重要的成就莫过于将汉文佛经翻译成西夏文。如前文所述，译经一事始于元昊时期，国家图书馆藏有一幅珍贵的西夏译经图，描绘了惠宗时期译经的真实情况：图画上部正中的高僧为“都译勾管作者安全国师白智光”，即主译人，跏趺而坐，正在讲解经文。旁列十六人为“助译者”，其中八位僧人分别有党项或汉族人名题款，后排为八名世俗官员。图中描绘了惠宗秉常和其母皇太后梁氏亲临译场的坐像，展示了当时译经的生动场景。

据现有研究显示，西夏前四朝共译经书3579卷，仁宗时期对佛经的校勘工作也是西夏佛教发展中重要的一个环节，文献中也有相关的记载。西夏境内流传的佛经有四种文字版本——西夏文、藏文、汉文和回鹘文，目前已发现四百多种佛经，留存至今的有《大方广佛华严经》《妙法莲华经》《金刚般若波罗蜜经》等。西夏文佛经不止译自汉文佛经，也有一部分是从藏文的藏传佛教经典翻译而来，如《大般若波罗蜜多经》《辩法法性论》等，反映出西夏的佛教也受到藏传佛教的影响，对后世藏传佛教进一步向中原地区传播起到了重要的作用。

西夏党项人和吐蕃人在族源上有亲缘关系。两族在地域上相接，经过长期的交往、迁徙，形成你中有我、我中有你的犬牙交错的居住形式，相互之间的经济、文化交流也十分密切。西夏早期曾与吐蕃唃厮啰政权交恶，自惠宗以后，双方关系大为好转，而且互通婚姻，交往比早期显著增多。西夏的佛教在发展过程中，对吐蕃佛教也采取兼收并蓄的态度，形成佛教的多源状态。藏传佛教在西夏的西部地区势力较强，而且越到后期影响越大。总体而言，藏传佛教的传入，在很大程度上改变了西夏佛教的格局和西夏佛经来源的比例构成。

西夏佛教高度发展的同时，给世人留下了很多艺术价值很高的精品，其中值得一提的是西夏壁画。在敦煌莫高窟和榆林窟中，西夏时期的壁画数量很多，内容丰富，反映出当时西夏较高的绘画水平及其艺术特征。这两个石窟的壁画内容以佛像、说法图、经变图、菩萨像为主，早期壁画的题材、布局、人物形象、技法等方面受五代、北宋影响颇多，晚期壁画则体现出丰富的党项民族特点，如人物的面部、体质特点与党项人基本一致，衣冠服饰也具有民族特点；但发展到后来藏传佛教，辽、金、宋等地佛教的影响也体现在了壁画上。

其他艺术品如唐卡、绢画、造像、木刻版画等，也有诸多精品。根据资料显示，出土于我国黑水城，现保存在俄罗斯圣彼得堡爱尔米塔什博物馆的西夏绘画有二百余幅，包括多种艺术风格，反映出中原地区和藏区佛教、绘画艺术对西夏文化的巨大影响；也反映出西夏绘画在吸收了其他因素的同时，形成了自己的艺术风格。西夏的佛教造像具有很高的水平，数量也比较丰富。莫高窟西夏时期的造像、黑水城遗址及附近古庙中出土的彩塑像，都是这一时期西夏佛教造像的代表之作。黑水城出土的双身佛像，是迄今仅见的一座双身彩塑佛像。古庙中的塑像虽然都是佛教塑像，但都着力表现了现实生活中的人物，有着浓郁的生活气息。宏佛塔所出的彩绘泥塑像，更是代表了西夏泥塑的高超水平和精湛工艺。

西夏虽然在当时偏居一隅，但由于佛教在其社会生活中的重要地位和强大影响，在其境内形成了浓郁的佛教氛围——皇室大兴佛教塔寺、举办佛教活动，来自各地的僧人众多，译经活动更是规模宏大、场面热烈。这些都对佛教的发展起到了重要的推动作用，佛教艺术品更是工艺精湛、艺术价值极高，总之，西夏佛教在中国佛教史上占有重要的地位。

塔，原本是印度的一种佛教建筑，“浮屠”一词，就是音译的梵文“塔”。佛塔寺院是佛教传播的重要载体，是佛教信仰的物质载体。佛教传入后，很快就与我国传统的文化、建筑相结合，佛塔也逐渐本土化，成为中国式佛塔。佛教是西夏王朝的国教，西夏统治者大力弘扬佛法，在境内修建了许多佛塔、寺庙，目前仍然留存的遗迹主要有承天寺塔、拜寺沟方塔、拜寺口双塔、青铜峡一百零八塔以及宏佛塔。

现有研究显示，西夏的佛塔大多建造在寺庙的前后殿之间，位于寺院的中心，是寺院的主体建筑。西夏佛塔大多修建于西夏王朝的早、中期，且多数是在皇帝、太后以及其他党项贵族的倡导下修建的。西夏佛塔与时代相近的宋塔、辽塔、金塔比较，在布局、形体和工艺上都呈现出种类繁多的特点，这是目前学者们普遍的观点。在布局形式上，西夏佛塔有单体、并列体、群体；其形体结构有仿宋楼阁式、仿唐密檐式、藏传覆钵式、复合变体等；在平面结构上，有四方形、六角形、八角形、十字折角多边形和圆形等。即使是同类造型的佛塔，在塔座、塔身、塔檐、塔刹的砌筑处理和装修手法上也变化多端，呈现出多姿多彩的艺术风貌。著名学者宿白先生曾将西夏佛塔分为如下几种类型：

楼阁式塔，以宁夏银川承天寺塔和中卫安庆寺塔为代表，为平面八角形，可以逐层登临的砖塔。此种塔系将舶来的佛塔形制与中国传统的楼阁形制结合起来，具有登、望、拜、居等集观赏与实用一体的功能。

密檐式塔，以宁夏贺兰拜寺沟方塔（已毁）、拜寺口双塔、同心康济寺塔为代表，具有多层塔身，二层以上各层上下檐间距逐渐缩短，平面也是八角形。

单层亭榭式佛塔，以敦煌莫高窟前的慈氏塔为代表。佛塔系八角单层，有垒砌的塔座，座上用土坯建塔身，外面环绕一圈木构廊柱，柱上设栏额及交叉出头的普柏方和双抄偷心五铺作斗拱，檐椽以上铺有柴泥，塔顶为圆形攒尖形，顶端还建有葫芦形宝珠。

单层叠涩尖锥顶式塔。以往这种形制的佛塔仅见于流传下来的图像，如敦煌莫高窟第285窟白壁上西夏供养人捧花礼拜的方塔，以及宁夏贺兰山韭菜沟西崖壁上雕刻的七个图像。直到1978年甘肃金川千佛阁的佛塔的发现，尽管已经残损，却是西夏佛塔中已知的唯一一座单层叠涩尖锥顶佛塔的实物例证。

相轮部分作出莲花藏世界的佛塔，以敦煌莫高窟南2.5公里处河岸上的古塔为例，平面呈八角形，单层，下面两层为束腰的基座和一层莲花座，上部立着收分明显的塔身。

覆钵式塔，这种塔是典型的藏传佛教式塔，也称为喇嘛塔，基本上由三部分构成，即塔基、塔身、塔座。塔身形状多为几何形，只有单层，覆钵部分的高度有一定的限度，主要通过塔基、塔刹的设计来营造高耸、雄伟之感。宁夏青铜峡一百零八塔均为覆钵式。宁夏固原须弥山石窟第112窟内的一座塔也为覆钵式，其基座为十字折角式，塔身扁圆，上置方形相轮座，塔身基座为叠涩式。

复合式塔，以宁夏贺兰宏佛塔为代表，是由两种不同形式的部分组合而成的。

西夏受经济水平和自然环境的制约，建造佛塔大多是就地取材、因地制宜，故而佛塔形制类型多、样式比较朴实。

总体而言，西夏佛塔建筑显示出对周边不同民族、不同政权佛教艺术的吸收与包容，同时营造出自己的风格特色。

宏佛塔，又称“王澄塔”，位于宁夏回族自治区贺兰县潘昶乡一座寺庙遗址内，据贺兰县城东南约 10 公里。在目前所知的历史文献中并没有宏佛塔的相关记载，不知其始建年代及缘由，仅能从现有文物等方面推断其年代应在仁宗后期。佛塔历经风雨侵蚀与地震灾害的影响，塔基已下陷，塔身也有不同程度的裂痕与残损，1991 年按原状重新砌筑、修复，使其面貌焕然一新。

宏佛塔形制很特别，与常见的楼阁式塔和密檐式塔不同，是一座类似花塔的复合式塔。花塔，是从亭阁式塔与楼阁式塔中创造出来的，下层或是亭式，或是楼阁式，上层有的筑成巨大的莲花，有的密布佛龛，或者为其他装饰，看上去华丽、美观。这种形式的塔始创于唐代，成熟于辽金时期，元代之后就比较少见了，保存下来的数量不多。

宏佛塔下部为楼阁式塔，上部为覆钵式塔，总高 28.34 米。塔基由黄土、残瓦交错夯筑，呈方形，共十三层，非常结实。残瓦包括灰陶、红陶板瓦和筒瓦，也有不少绿色琉璃饰件。下部楼阁式塔由三层组成，有收分，平面呈八角形，地层正面设门，高为 15.81 米，每层均由塔身、塔檐、平座组成，其营造法式是仿宋朝塔的形制。塔身壁面涂抹了白灰皮，上面隐约可见用绿色线条勾勒出的窗、门。塔檐上的斗拱施有红、绿色彩绘，还可见残留的彩绘草叶纹。这种砖砌仿木结构的古塔，在西夏文化中比较少见。上部的覆钵式塔，残高 12.53 米，底部直径为 8.57 米，分为底座、塔身、塔刹三部分，底座为三层十字折角形，其上为圆形束腰须弥座，左上为圆形覆钵，是接近印度窣堵坡的藏传佛教建筑形制，而塔身粉装彩绘的图案色调，也是藏传佛教密宗艺术的反映。

通常来说，楼阁式塔为中国佛教传统造型，覆钵式塔则是由印度的窣堵坡演变而来，唐至宋代时期流行于西藏和北方地区。单纯的两种造型的古塔全国各地都比较常见，而像宏佛塔这样将两种造型合二为一的古塔建筑实属罕见，这说明藏传佛教的建筑艺术已深入西夏腹地。

在拆除落架时，发现覆钵式塔身上部内有梯形天宫，有木制塔心柱从天宫中通过，室内堆满文物，多已残损，主要有彩塑佛头、罗汉、力士、彩绘木雕菩萨像、木雕供养天女、覆钵式小木塔、西夏文木简、烧焦的西夏文雕版残块等。还有彩绘的上乐金刚唐卡、千佛像、炽盛光佛、护法神像、千手观音、大日如来等绢质画作，以及珍贵的西夏文《番汉合时掌中珠》残片等。其他文物如小泥塔、北宋钱币等也出自此中，西夏文雕版、唐卡都是第一次面世的西夏文物，非常珍贵。这次发掘被国家文物局评为1991 年全国十大考古发现之一。

宏佛塔出土的这批文物，对于研究西夏学，西夏佛教文化、美术史，中国古代印刷史提供了系统的实物标本，具有极为重要的历史、艺术、科学研究价值。

前文提到的木雕贴金观音像，非常具有代表性，这尊菩萨像系用整块木料圆雕而成，造型优美，雕工细腻、精湛，是宏佛塔天宫藏品中唯一的一尊，体现出了宋朝雕刻的艺术风格，极具艺术价值和学术价值。

上文所提及的绢画，虽然出土时已残破成条状，且受到污染，经过专家的精心修复，目前存有唐卡 14 幅，其中较清晰完整的 12 幅，属唐宋传统画风的绢质卷轴画 6 幅，藏密风格的曼荼罗（唐卡）画 6 幅。学者们普遍认为，宏佛塔天宫内珍藏的彩绘绢质佛画线条流畅，笔法娴熟，色彩分明，人物形态逼真，具有藏传佛教绘画特点。尤其有些残画上还保留着西夏文榜题，是十分难得的珍品。值得一提的是，保存至今的这类艺术珍品，多为明清时期作品，宋元时期的为数不多，因此宏佛塔天宫发现的藏密佛画显得尤为重要，为研究藏传佛教在北方地区普及流传，提供了珍贵的资料。更重要的是，宏佛塔天宫出土的彩绘绢质佛画是目前国内所见最早的唐卡，西夏绢画的发现填补了我国绘画史中卷轴画的空白。特别是上文所举实例绢彩画《炽盛光佛图》《玄武大帝图》等，更是我国已发现的同类题材的佛教艺术品中的精美之作。其中炽盛光佛绢画的功力和构图神韵均在幸存于世的作品之上。

据专家学者的研究，宏佛塔发现的《玄武大帝图》，应是我国国内发现最早的道家玄武大帝神像图。星象崇拜在西夏颇为盛行，甚至还建有专供星象的神庙，因此反映这类内容的画作也比较常见，而我国反映星象崇拜的佛画，保存下来的极少，所以宏佛塔发现的这幅绢画具有珍贵的价值和重要的意义。玄武大帝是中国传统文化中道教供奉的尊神，概因自古以来中原多受北方游牧民族侵袭和骚扰，故而塑造出一批扫荡漠北、保境安民的英雄和神祇形象，寄托了人们追求和平、安居乐业的愿望。对玄武大帝形象和威武气质的描述，常出现在宋朝的文献中，而其图像仅在明清一些寺庙的塑像、壁画中见到，所以这幅画的发现对研究道教传统文化和道教文化在西夏的流传具有十分重大的意义。

宏佛塔天宫出土的遗物中，有大量的彩色泥塑像残件，包括佛头像、佛面像、罗汉像、罗汉头像、力士头像等，制作精致、细腻，造型圆润、生动，表情端庄肃穆，面部多带有笑意，非常传神，具有较高的艺术价值。

宏佛塔天宫出土的彩绘泥塑罗汉像，神态沉静、端庄，面部丰润、五官细致，坐姿怡然，尤其是身上衣物纹理、褶皱的刻画尤为自然流畅，非常写实、生动，极具艺术价值。

宏佛塔天宫出土的彩绘泥塑佛头像，佛像面目安详、慈善，造型丰满健壮，宛若真人。佛像头顶通常为螺髻，中间有一白色肉瘤；柳眉细眼，眼珠乌黑有光泽，系为黑色釉料特制；鼻梁高直，双唇闭合，有些佛面像的下颌还用墨线绘出日、月、云状纹饰；面部均用白粉涂饰，头像内为中空。值得一提的是，这些佛像的唇上都绘有上翘的胡须，在北方民族中是比较常见的，在以往出土文物中则极为少见，塑造得极为传神，使佛像的面部表情更加生动，且富有民族特色。有意思的是，宏佛塔所出土的彩绘泥塑佛头像，眼睛下部往往都有“泪痕”，或双目都呈“流泪”状，或只有一侧“流泪”，这在其他类似文物中也几乎不见，由此还引申出了很多民间的故事、传说等，其实这是因为佛像的眼珠用黑色釉料特制，由于受到周遭环境的影响，使釉料融化，从眼中流淌而出，形成了佛像流泪的奇特现象。

学者们普遍认为，西夏的彩塑非常有特点，系采用传统的泥塑加上彩绘妆銮，用捏、塑、贴、压、削、刻等泥塑技法，先塑出简明的形体后，再用点、染、刷、涂、描等绘画技法施彩，再进行润饰皮层细节，体现出质感，是“塑容绘质”的传神之作。宏佛塔天宫出土的这批彩塑，继承了唐宋彩塑的传统手法，造型上又融入了西夏文化的特点，堪称杰作，是我国已发现的同类题材的佛教艺术品中的经典代表，对于研究西夏佛教文化、美术史提供了珍贵的材料，具有重要的价值。